KUASAI SENI WAIN INFUSED BUATAN SENDIRI

100 RESIPI UNTUK MENINGKATKAN WAIN BUATAN SENDIRI ANDA

John Mohsin

Hak cipta terpelihara.

Penafian

Maklumat yang terkandung dalam eBook ini bertujuan untuk berfungsi sebagai koleksi strategi yang komprehensif yang telah dilakukan oleh pengarang eBook ini. Ringkasan, strategi, petua dan helah hanyalah cadangan oleh pengarang, dan membaca eBook ini tidak akan menjamin bahawa keputusan seseorang akan betul-betul mencerminkan hasil pengarang. Pengarang eBook telah melakukan segala usaha yang munasabah untuk memberikan maklumat terkini dan tepat untuk pembaca eBook. Pengarang dan rakan-rakannya tidak akan bertanggungjawab atas sebarang kesilapan atau peninggalan yang tidak disengajakan yang mungkin ditemui. Bahan dalam eBook mungkin termasuk maklumat oleh pihak ketiga. Bahan pihak ketiga terdiri daripada pendapat yang dinyatakan oleh pemiliknya. Oleh itu, pengarang eBook tidak memikul tanggungjawab atau liabiliti untuk sebarang bahan atau pendapat pihak ketiga.

EBook adalah hak cipta © 2024 dengan semua hak terpelihara. Adalah menyalahi undang-undang untuk mengedar semula, menyalin atau mencipta karya terbitan daripada eBook ini secara keseluruhan atau sebahagian. Tiada bahagian dalam laporan ini boleh diterbitkan semula atau dihantar semula dalam mana-mana diterbitkan semula atau dihantar semula dalam apa jua bentuk sekalipun tanpa kebenaran bertulis dan ditandatangani daripada pengarang.

ISI KANDUNGAN

ISI KANDUNGAN..4

PENGENALAN..8

ANGIN BERINFUS..11

   1. White Sangria Infused Wine..........................12
   2. Jeruk dan buah ara dalam wain merah berempah.......15
   3. Kopi Anis Bintang Wain Diselit.....................18
   4. Mawar, strawberi dan wain anggur...................21
   5. Pic Wain Ais.......................................24
   6. Wain Lemon dan Rosemary............................26
   7. Wain kiwi buatan sendiri...........................29
   8. Mangga dalam wain..................................31
   9. Wain dandelion.....................................33
   10. Wain epal panas...................................35
   11. Cawan wain cranberi panas di tepi api.............37
   12. Wain lada...40
   13. Nanas dalam wain pelabuhan........................42
   14. Wain rhubarb......................................45
   15. Wain berempah panas...............................48
   16. Wain yang Diselit Cranberry.......................50
   17. Raspberry Mint Infused Wine.......................52
   18. Wain yang Diselit Cinta...........................54
   19. Epal dalam wain merah.............................57
   20. Wain lada bajan...................................60
   21. Wain pencuci mulut oren...........................62
   22. Jingga dengan sirap wain merah....................64
   23. Wain oren...67
   24. Wain halia..70

25. Wain Mulled..72
26. Penyejuk wain...75
27. Telur wain...77
28. Penyejuk wain pic..80
29. Wain Diselit Teh Hijau....................................82
30. Daiquiri wain yang menyegarkan.......................84
31. Koktel tembikai dan strawberi..........................86
32. Kilauan wain permata.....................................89
33. Wain rosemary dan teh hitam...........................92
34. Penyembur Teh Earl Grey................................95
35. Coklat Panas Diselit Wain...............................97
36. Cranberry-wine punch...................................100

WINE-MAKANAN BERINFUS..102

37. Kolak buah dan wain.....................................103
38. Truffle Coklat..106
39. Ais krim dengan strawberi..............................109
40. Melon mousse dalam wain muskat....................112
41. Wain Israel dan kek kacang............................115
42. Biskut wain...118
43. Fondue wain gooseberry................................120
44. Kek dan puding wain.....................................122
45. Wain merah dan blueberry granita....................125
46. Melon dan blueberry coupé.............................128
47. Pai limau dengan krim wain............................131
48. Matzoh-gulung wain......................................134
49. Moustokouloura..137
50. Wafer oren-wain..140
51. Kek badam oren..143
52. Tart plum dengan crème fraiche......................146
53. Brownies Wain Merah....................................149
54. Panna cotta vanila..152
55. Tart wain...155

56. Zabaglione..158
57. Buah musim sejuk dalam wain merah.....................160
58. Kek teh lemon..163
59. Wain dan Kupang Berinfus Safron.........................166
60. Kerang dalam sos wain..169
61. Stik halibut dengan sos wain................................172
62. Gulung daging Yunani dalam sos wain...................175
63. Lentil dengan sayur-sayuran berlapis.....................178
64. Halibut dalam sos sayuran...................................181
65. Sosej herba dalam wain.......................................184
66. Gulung ikan dalam wain putih...............................187
67. Tauhu herba dalam sos wain putih........................190
68. Sotong panggang dalam perapan wain merah........193
69. Pisang manis yang dibakar dalam wain..................196
70. Pasta dalam sos lemon dan wain putih..................198
71. Pasta dengan kupang dalam wain.........................201
72. Fettucine wain merah dan buah zaitun..................204
73. Pasta Orecchiette dan ayam................................207
74. Daging lembu dengan sos portobello....................210
75. Keju Itali dan sosej wain merah............................213
76. Cendawan dan tauhu dalam wain.........................216
77. Sup wain aprikot..219
78. Sup cendawan dengan wain merah.......................221
79. Borleves (sup wain)..224
80. Sup wain ceri..227
81. Sup epal Denmark..229
82. Salad jello wain kranberi.....................................232
83. Mustard Dijon dengan herba dan wain...................235
84. Bucatini Infused Wain...237
85. Asparagus dalam wain..240
86. Mustard, daging perap wain.................................242
87. Sayap ayam dengan sos wain...............................244
88. Oeufs en meurette...247

89. Wain merah dan risotto cendawan..........................250
90. Gazpacho wain merah..253
91. Nasi dan sayur-sayuran dalam wain........................256
92. Bayi salmon disumbat dengan kaviar......................258
93. Pilaf beras bawang putih-wain................................261
94. Hati kambing Basque dengan sos wain merah..........264
95. Daging lembu direbus dalam wain barolo..............267
96. Scrod direbus dalam wain putih..............................270
97. Cumi dalam umido..273
98. Ekor lembu rebus dengan wain merah....................276
99. Ikan dalam kaserol wain..279
100. Potongan Daging Babi Panggang Diselit Wain.....282

KESIMPULAN..**285**

PENGENALAN

Penyerapan dengan wain boleh menjadi keseronokan dan penambahbaikan kepada makanan, minuman dan hidangan yang enak! Apabila wain dipanaskan, kandungan alkohol serta sulfit hilang, hanya meninggalkan intipati yang memberikan rasa yang halus.

Peraturan pertama dan paling penting: Gunakan hanya wain dalam masakan anda atau minuman yang akan anda minum. Jangan sekali-kali menggunakan sebarang wain yang anda TIDAK AKAN MINUM! Jika anda tidak menyukai rasa wain, anda tidak akan menyukai hidangan dan minuman yang anda pilih untuk menggunakannya.

Jangan gunakan apa yang dipanggil "memasak wain!" Wain ini biasanya masin dan termasuk bahan tambahan lain yang mempengaruhi rasa hidangan dan menu pilihan anda. Proses memasak/mengurangkan akan membawa keluar yang paling teruk dalam wain yang lebih rendah.

Wain mempunyai tiga kegunaan utama di dapur - sebagai bahan perapan, sebagai cecair memasak, dan sebagai perasa dalam hidangan siap.

Fungsi wain dalam masakan adalah untuk memperhebat, meningkatkan dan menyerlahkan rasa dan aroma makanan - bukan untuk menutup rasa apa yang anda masak tetapi untuk menguatkannya.

Untuk hasil terbaik, wain tidak boleh ditambah pada hidangan sejurus sebelum disajikan. Wain harus mendidih dengan makanan, atau sos, untuk meningkatkan rasa. Ia harus mendidih dengan makanan atau dalam sos semasa ia dimasak; apabila wain masak, ia berkurangan dan menjadi ekstrak yang menyedapkan.

Ingat bahawa wain tidak termasuk dalam setiap hidangan. Lebih daripada satu sos berasaskan wain dalam satu hidangan boleh menjadi membosankan. Gunakan wain adalah memasak hanya apabila ia mempunyai sesuatu untuk menyumbang kepada hidangan siap.

ANGIN BERINFUS

1. White Sangria Infused Wine

Bahan

- 1/2 biji limau purut
- 1/2 buah lemon
- 1 pic
- 1/2 epal hijau
- 1.5 cawan wain

Arah:

a) Pastikan wain sekurang-kurangnya suhu bilik atau lebih panas sedikit.

b) Gosok bahagian luar limau nipis dan limau nipis kemudian keluarkan kulit dengan pengupas sayur atau zester. Pastikan sedikit atau tiada empulur yang keluar juga, menggunakan pisau pengupas untuk mengeluarkan sebarang. Gosok sedikit bahagian luar epal kemudian inti dan potong kasar. Gosok ringan bahagian luar pic kemudian keluarkan lubang dan potong kasar dagingnya.

c) Letakkan semua Bahan ke dalam siphon sebat bersama wain. Tutup sifon sebat, caskannya, dan pusingkan selama 20 hingga 30 saat. Biarkan sifon duduk selama seminit setengah lebih lama. Letakkan tuala di bahagian atas sifon dan buangkannya. Buka sifon dan tunggu sehingga menggelegak berhenti.

d) Tapis wain jika dikehendaki dan biarkan selama sekurang-kurangnya 5 minit sebelum digunakan.

2. Jeruk dan buah ara dalam wain merah berempah

Bahan

- 2 cawan wain merah
- 1 cawan Gula
- 1 keping batang kayu manis
- 4 Bunga lawang; diikat bersama dengan
- 4 buah buah pelaga; diikat bersama dengan
- 2 ulas keseluruhan
- 6 besar oren pusat; dikupas
- 12 buah ara kering; dibelah dua
- ⅓ cawan Walnut atau pistachio; dicincang

Arah

a) Satukan wain, gula dan garni sejambak dalam periuk yang cukup besar untuk mengandungi oren dan buah ara dalam satu lapisan. Bawa hingga mendidih, bertutup, dengan api sederhana.

b) Masukkan buah ara dan reneh selama 5 minit. Masukkan oren dan putar selama 3 hingga 4 minit, putar supaya masak sekata.

c) Tutup api dan biarkan oren dan buah tin sejuk dalam sirap. Keluarkan buah ke dalam mangkuk hidangan. Kurangkan sirap separuh dan biarkan sejuk. Buang hiasan sejambak dan sirap sudu ke atas buah tin dan oren.

3. Kopi Anis Bintang Wain Diselit

Bahan

Untuk wain merah yang diselitkan kopi

- 5 sudu besar biji kopi panggang
- 1 750 mL botol wain merah Itali kering
- 1 cawan air
- 1 cawan gula turbinado
- Anis 12 bintang

Untuk koktel

- 3 auns wain merah yang diselitkan kopi
- 1 auns Cocchi Vermouth di Torino, sejuk
- 2 sudu teh sirap bunga lawang
- 2 sengkang Fee Brothers Aztec pahit
- Ais (pilihan)
- Hiasan: batang kayu manis atau lemon curl

Arah

a) Untuk wain merah yang diselitkan kopi: Tambah biji kopi ke dalam botol wain, tutup dengan penyumbat dan masukkan pada suhu bilik selama 24 jam. Tapis sebelum digunakan.

b) Untuk sirap bunga lawang: Didihkan air, gula dan bunga lawang, kacau sehingga gula larut. Keluarkan dari haba dan biarkan meresap selama 30 minit. Tapis dan botol, simpan dalam peti sejuk.

c) Untuk setiap minuman: dalam gelas wain, kacau wain yang diselitkan kopi, Cocchi vermouth, sirap bunga lawang dan pahit coklat. Masukkan ais jika suka dan hiaskan.

4. Mawar, strawberi dan wain anggur

Bahan

- 100g strawberi, dikupas dan dihiris
- 1 limau gedang merah sederhana, dihiris bulat
- 1 tangkai rosehip, pilihan (jika dalam musim)
- 1 sudu kecil air mawar
- 700ml wain pemerah pipi rosé

Arah:

a) Masukkan strawberi, hirisan limau gedang dan air mawar dalam balang kaca satu liter atau botol yang disterilkan dan tuangkan ke atas ros. Tutup balang dengan ketat dan simpan di dalam peti sejuk semalaman, goncang balang perlahan-lahan sekali-sekala untuk membantu menyelitkan perisa.

b) Apabila anda bersedia untuk dihidangkan, tapis rosé melalui ayak berjaring halus yang dialas dengan kain kasa atau kain J yang bersih ke dalam jag besar, dan buang buahnya.

c) Untuk menghidangkan, tambahkan air berkilauan kepada satu kuantiti mawar, strawberi dan wain limau gedang merah, dan hiaskan dengan kelopak mawar. Untuk spritz Aperol mawar, campurkan 200ml mawar yang diselitkan dengan 25ml Aperol dan hiaskan dengan hirisan limau gedang.

5. Pic Wain Ais

Bahan

- 6 buah pic segar, dikupas kulit, diadu dan dibelah dua
- ½ cawan gula (125 ml)
- 1 cawan wain ais (250 ml)
- 1 cawan air (250 ml)

Arah

a) Dalam periuk sos campurkan 1 cawan air, gula dan wain ais dan reneh dengan api perlahan dan sehingga gula larut. Masak sirap selama 3 minit tambahan, matikan api dan ketepikan sehingga diperlukan.

b) Dalam mangkuk kaca, letakkan separuh pic dan tuangkan sirap wain ais di atasnya dan sejukkan untuk membenarkan rasa bercampur.

c) Hidangkan sejuk dalam mangkuk kecil dan hiaskan dengan sedikit gula aising.

6. Wain Lemon dan Rosemary

Bahan

- 1 botol wain putih saya akan menggunakan Sauvignon Blanc, Pinot Gris, Pinot Grigio atau Riesling
- 4 tangkai rosemary segar
- 3-4 keping panjang kulit limau cuba untuk tidak mendapat empulur putih di atasnya

Arah:

a) Buka botol wain anda atau gunakan botol yang telah disimpan di dalam peti sejuk anda selama beberapa hari.

b) Bersihkan dan keringkan herba anda (dalam kes ini rosemary).

c) Dengan pengupas sayur-sayuran, keluarkan 4-5 keping panjang kulit limau dengan berhati-hati agar tidak mendapat terlalu banyak warna putih.

d) Tambah rosemary dan kulit lemon ke dalam botol wain.

e) Tambah gabus dan masukkan ke dalam peti sejuk anda semalaman hingga beberapa hari.

f) Buang kulit lemon dan herba.

g) Minum wain.

7. Wain kiwi buatan sendiri

Bahan

- 75 Kiwi masak
- 2 paun anggur merah, beku
- 12 auns 100% pekat anggur
- 10 paun Gula
- 2 bungkus Yis

Arah

a) Kupas kiwi, tumbuk dengan anggur yang telah dicairkan, masukkan gula ke dalam carboy, larutkan sepenuhnya, masukkan buah tumbuk, pekat anggur, air dan yis.

b) Ferment seperti biasa. ini baru rasa memerah pertama

8. Mangga dalam wain

Bahan

- 12 buah mangga masak
- ⅔ liter wain merah
- 130 gram gula kastor
- 2 biji vanila segar

Arah

a) Keluarkan kulit dari mangga dan potong dua, keluarkan bijinya.

b) Susun dengan bahagian berongga ke atas dalam mangkuk besar dan tutup dengan wain.

c) Masukkan gula dan vanila pod. Bakar selama 45 minit, biarkan sejuk dan kemudian sejukkan dengan baik sebelum dihidangkan.

9. Wain dandelion

Bahan

- 4 liter bunga Dandelion
- 4 liter air mendidih
- 6 buah oren
- 4 biji lemon
- 2 kek yis
- 4 paun Gula

Arah

a) Panaskan bunga dalam air mendidih dan biarkan semalaman. Keesokan paginya, tapis, tambah pulpa dan jus 6 oren, jus 4 lemon, yis dan gula.

b) Biarkan ditapai selama 4 hari, kemudian tapis dan botol. Hidangkan dalam gelas kecil pada suhu bilik.

10. Wain epal panas

Bahan

- ½ cawan Kismis
- 1 cawan Rum ringan
- 6 cawan wain epal atau cider keras
- 2 cawan jus oren
- ⅓ cawan gula perang
- 6 biji cengkih keseluruhan
- 2 batang kayu manis
- 1 oren, hiris

Arah

a) Dalam mangkuk kecil, rendam kismis dalam rum selama beberapa jam atau semalaman.

b) Dalam periuk besar, satukan semua Bahan dan panas, kacau selalu, sehingga gula larut. Reneh perlahan-lahan hingga panas. Jangan rebus. Hidangkan dalam cawan tebuk atau mug kalis haba. Membuat 9 cawan

11. Cawan wain cranberi panas di tepi api

Bahan

- 4 cawan koktel jus kranberi
- 2 cawan Air
- 1 cawan Gula
- 4 inci batang kayu manis
- 12 cengkih, keseluruhan
- 1 kulit 1/2 lemon, potong
- 1 Jalur
- 2 Kelima wain kering
- $\frac{1}{4}$ cawan jus lemon

Arah

a) Satukan jus kranberi, air, gula, kayu manis, cengkih, dan kulit limau dalam kuali sos. Didihkan, kacau sehingga gula larut.

b) Reneh, tidak bertutup, 15 minit, tapis. Tambah wain dan jus lemon, panaskan dengan teliti, tetapi JANGAN DIDIBUS.

Taburkan buah pala di atas setiap hidangan, jika mahu.

12. Wain lada

Bahan

- 6 Lada, merah, panas; segar
- Rum 1 liter, ringan

Arah

a) Masukkan keseluruhan lada ke dalam balang kaca dan tuangkan rum (atau sherry kering). Tutup rapat dengan penutup dan biarkan berdiri 10 hari sebelum digunakan.

b) Gunakan beberapa titis dalam sup atau sos. Cuka lada dibuat dengan cara yang sama.

c) Jika lada segar tidak tersedia, lada kering yang utuh dan panas boleh digunakan.

13. Nanas dalam wain pelabuhan

Bahan

- 1 nanas sederhana, dibersihkan (kira-kira 2-1/2 lbs.)
- Kulit 1 oren dikupas halus
- Kulit 1/2 limau gedang dikupas halus
- 4 sudu besar gula perang ringan, atau secukup rasa
- $\frac{3}{4}$ cawan jus nanas
- $\frac{1}{2}$ cawan Port

Arah

a) Ini adalah rawatan yang sangat baik untuk nanas yang ternyata tidak manis seperti yang sepatutnya. Lebih baik pelabuhan, lebih baik pencuci mulut. Jadikan pencuci mulut ini sehari lebih awal untuk rasa yang terbaik.

b) Kupas, hiris dan inti nanas dan potong kiub 1 inci atau kepingan nipis. Dalam kuali, masak perahan, gula dan jus nanas.

Masak sehingga kulit lembut, kira-kira 5 minit. Semasa cecair masih suam, masukkan kepingan nanas dan kacau dalam port

c) Sejukkan sekurang-kurangnya 8 jam, atau semalaman. Biarkan sehingga suhu bilik sebelum dihidangkan atau perisa akan hilang.

14. Wain rhubarb

Bahan

- 3 paun Rhubarb
- 3 paun gula putih
- 1 sudu teh nutrien yis
- 1-galon air panas (tidak perlu mendidih)
- 2 tablet Campden (ditumbuk)
- Ragi wain

Arah

a) Potong tangkai rhubarb anda dan bekukan dalam beg plastik selama beberapa hari sebelum anda membuat wain. Saya benar-benar tidak faham mengapa ini perlu membuat perbezaan, tetapi ia berlaku. Jika anda menggunakan rhubarb segar wain tidak pernah keluar sebaik.

b) Anda perlu mempunyai kesabaran. Wain Rhubarb boleh rasa tidak menarik pada lapan bulan dan sangat baik pada sepuluh bulan. Anda perlu membiarkannya lembut.

c) Gunakan rhubarb potong beku. Masukkan ke dalam fermentor utama bersama gula. Tutup dan biarkan selama 24 jam. Masukkan air panas, gaulkan kesemuanya dan kemudian tapis ketupat.

d) Masukkan semula cecair ke dalam fermentor utama dan apabila ia suam-suam kuku masukkan bahan yang lain.

e) Tutup dan biarkan ia ditapai selama tiga atau empat hari. Kemudian sedut cecair ke dalam jag gelen dengan kunci penapaian.

15. Wain berempah panas

Bahan

- ¼ liter wain putih atau merah (1 cawan ditambah 1 Sudu Besar) 6 kiub gula, atau secukup rasa

- 1 setiap cengkih utuh

- 1 keping kecil kulit lemon

- Sedikit batang kayu manis

Arah

a) Satukan semua Bahan dan panaskan, hampir tidak sampai takat didih.

b) Tuangkan ke dalam gelas yang telah dipanaskan sebelumnyas, bungkus gelas dalam serbet, dan hidangkan segera.

16. Wain yang Diselit Cranberry

Bahan

- 2 c. wain putih kering, seperti Sauvignon Blanc atau Chardonnay
- 1 c. cranberi segar atau beku yang dicairkan

Arah

a) Tambah wain dan cranberry ke dalam bekas dengan penutup yang ketat.

b) Tutup dan goncang beberapa kali. Biarkan berdiri pada suhu bilik semalaman. Tapis sebelum digunakan; buang cranberry.

17. Raspberry Mint Infused Wine

Bahan

- 1 cawan raspberi segar
- 1 tandan kecil pudina segar
- 1 botol wain putih kering atau manis, apa sahaja pilihan anda

Arah:

a) Masukkan raspberi dan pudina ke dalam balang bersaiz liter. Gunakan sudu untuk menghancurkan raspberi sedikit.

b) Tuangkan seluruh botol wain ke atas raspberi dan pudina, kemudian tutup dengan penutup dan letakkan di tempat yang tenang di dapur anda.

c) Biarkan infusi curam selama 2-3 hari, kemudian tapis raspberi dan pudina dengan ayak mesh halus dan nikmati!

18. Wain yang Diselit Cinta

Bahan

- 1 balang kaca bersaiz 1 liter atau 1 liter
- 2 sudu kecil serbuk kayu manis atau 2 batang kayu manis
- 3 sudu kecil serbuk akar halia atau akar halia segar dikupas kira-kira 1 inci panjang
- pilihan 1 -- 1 inci sekeping kacang vanila atau 1 sudu kecil ekstrak vanila
- atau pilihan 2 -- 2 biji buah pelaga + 2 bunga lawang
- 3 cawan wain merah atau satu botol 750 ml

Arah:

a) Masukkan wain merah ke dalam balang

b) Tambah komponen herba

c) Kacau hingga sebati Bahan.

d) Letakkan penutup pada balang. Masukkan ke dalam almari yang sejuk dan gelap selama 3-5 hari.

e) Tapis dengan baik (atau 2x) ke dalam balang lain atau bekas kaca yang cantik. Sudah sedia!!!

19. Epal dalam wain merah

Bahan

- 1 kilogram Epal (2 1/4 lb.)
- 5 desiliter Wain merah (1 liter)
- 1 batang kayu manis
- 250 gram Gula (9 oz.)

Arah

a) Sepuluh jam lebih awal, masak wain, kayu manis dan gula dengan api yang cepat selama 10 minit, menggunakan periuk yang luas dan cetek.

b) Kupas epal dan, menggunakan bebola tembikai berdiameter kira-kira 2½ cm (1 inci), potong menjadi bebola kecil.

c) Baling bola epal ke dalam wain panas. Mereka tidak sepatutnya bertindih: inilah sebabnya anda memerlukan kuali yang luas dan cetek. Rebus selama 5 hingga 7 minit, ditutup dengan kerajang aluminium untuk memastikan ia tenggelam.

d) Apabila epal telah masak tetapi masih padat, keluarkan kuali dari dapur. Biarkan bebola epal hancur dalam wain merah selama kira-kira 10 jam untuk mendapatkan warna merah yang baik.

e) Hidangan: sejuk, dengan satu sudu ais krim vanila, atau dalam pilihan pencuci mulut buah-buahan sejuk.

20. Wain lada bajan

Bahan

- 18 "lada wain" atau kuantiti yang sama dengan lada merah kecil
- Rum putih Barbados
- Sherry

Arah

a) Keluarkan batang dari lada dan masukkan ke dalam botol, kemudian tutup dengan rum dan biarkan selama dua minggu.

b) Tapis dan cairkan kepada "kepanasan" yang diperlukan dengan sherry.

21. Wain pencuci mulut oren

Bahan

- 5 buah oren
- 2 biji limau
- 5 liter Wain, putih kering
- 2 paun Gula
- 4 cawan Brandy
- 1 setiap biji Vanila
- 1 setiap Sekeping (1/2) kulit oren, kering

Arah

a) Parut kulit oren dan limau dan simpan. Seperempat buah dan letakkan dalam demi-john atau bekas besar lain (tempayan atau gelas).

b) Tuangkan wain, kemudian masukkan kulit parut, gula, brendi, kacang vanila dan sekeping kulit oren kering.

c) Tutup balang dan simpan di tempat gelap yang sejuk selama 40 hari. Tapis melalui kain dan botol. Hidangkan sejuk.

22. Jingga dengan sirap wain merah

Bahan

- 2 cawan wain merah berperisa penuh
- ½ cawan Gula
- 1 3" keping batang kayu manis
- 2 sederhana tembikai atau tembikai berdaging oren

Arah

a) Dalam periuk sederhana tidak reaktif, satukan wain, gula dan kayu manis. Didihkan dengan api yang tinggi dan masak sehingga berkurangan separuh, kira-kira 12 minit.

b) Keluarkan kayu manis dan biarkan sirap sejuk ke suhu bilik

c) Belah dua buah tembikai secara bersilang dan buang bijinya. Potong kepingan nipis dari bahagian bawah setiap separuh tembikai supaya ia duduk tegak dan letakkan setiap separuh di atas pinggan.

d) Tuangkan sirap wain merah ke dalam bahagian tembikai dan hidangkan dengan sudu besar.

23. Wain oren

Bahan

- 3 oren tentera laut; dibelah dua
- 1 cawan Gula
- 1 liter wain putih
- 2 oren laut sederhana
- 20 biji cengkih keseluruhan

Arah

a) Dalam periuk, dengan api sederhana, perahkan bahagian oren ke dalam periuk, masukkan oren yang telah diperah dan gula. Didihkan, kecilkan api dan reneh selama 5 minit. Keluarkan dari api dan sejukkan sepenuhnya.

b) Tapis ke dalam balang $1\frac{1}{2}$ liter, tekan oren dengan belakang sudu untuk mengeluarkan semua jus. Kacau dalam wain. Lekatkan cengkih ke dalam keseluruhan oren. Potong oren separuh dan masukkan ke dalam balang.

c) Tutup penutup dengan ketat dan biarkan selama sekurang-kurangnya 24 jam dan sehingga 1 bulan.

24. Wain halia

Bahan

- ¼ paun Halia
- 4 paun gula DC
- 1 gelen Air
- 2 sudu kecil Yis
- ½ paun buah kering
- ½ auns Mace

Arah

a) Hancurkan halia dan masukkan ke dalam balang. Masukkan semua Bahan lain dan biarkan selama 21 hari.

b) Tapis dan botol.

25. Wain Mulled

Bahan

- 1 botol wain merah
- 2 buah oren
- 3 batang kayu manis
- Bunga lawang 5
- 10 biji cengkih keseluruhan
- 3/4 cawan gula perang

Arah:

a) Masukkan semua Bahan kecuali oren ke dalam periuk bersaiz sederhana.

b) Menggunakan pisau tajam atau pengupas, kupas separuh daripada sebiji oren. Elakkan mengupas sebanyak mungkin empulur (bahagian putih), kerana ia mempunyai rasa pahit.

c) Perah oren dan masukkan ke dalam periuk bersama kulit oren.

d) Dengan api yang sederhana, panaskan adunan sehingga kukus sahaja. Kecilkan api hingga mendidih. Panaskan selama 30 minit untuk membiarkan rempah meresap.

e) Tapis wain dan hidangkan ke dalam cawan kalis haba.

26. Penyejuk wain

Bahan

- 1 Menghidang
- ¾ cawan Lemonade
- ¼ cawan wain merah kering
- Setangkai pudina
- Ceri Maraschino

Arah

a) Ini menjadikan minuman berwarna-warni serta menyegarkan jika cecair tidak dicampur bersama. Tuangkan air limau ke atas ais yang dihancurkan, kemudian masukkan wain merah.

b) Hiaskan dengan setangkai pudina dan sebiji ceri. Sesuai untuk hari panas.

27. Telur wain

Hasil: 20 Hidangan

Bahan

- 4 putih telur
- 1 Wain putih kering kelima
- ½ cawan jus lemon segar
- 1 sudu besar kulit lemon; parut
- 1 cawan madu
- 6 cawan Susu
- 1 liter Setengah setengah
- 1 buah pala; baru diparut

Arah

a) Pukul putih telur hingga kembang dan ketepikan. Satukan wain, jus lemon, zest dan madu dalam periuk besar. Panaskan, kacau, sehingga suam, kemudian perlahan-lahan masukkan susu dan krim.

b) Teruskan memanaskan dan kacau sehingga campuran berbuih; keluarkan dari haba. Lipat dalam putih telur dan hidangkan dalam mug dengan taburan buah pala di atasnya.

28. Penyejuk wain pic

Bahan

- 16 auns pic tanpa gula; dicairkan
- 1 liter jus pic
- 750 mililiter wain putih kering; = 1 botol
- 12 auns nektar aprikot
- 1 cawan Gula

Arah

a) Dalam pengisar atau pemproses makanan puri pic. Dalam bekas, satukan pic dan baki Bahan.

b) Tutup dan sejukkan 8 jam atau semalaman untuk membenarkan rasa sebati. Simpan dalam peti ais. Hidangkan sejuk.

29. Wain Diselit Teh Hijau

Bahan:

- 8 Sudu Teh Hijau Daun Longgar Bertimbun
- 1 Botol (750ml) Sauvignon Blanc
- Sirap Mudah - Pilihan
- Air Soda atau Lemonade - Pilihan

Arah:

a) Masukkan daun teh terus ke dalam botol wain, cara paling mudah untuk melakukan ini adalah dengan menggunakan corong kecil supaya daunnya tidak pergi ke mana-mana.

b) Masukkan gabus kembali ke dalam atau gunakan penahan botol dan kemudian letakkan di dalam peti sejuk semalaman, atau sekurang-kurangnya 8 jam.

c) Apabila anda sudah bersedia untuk meminum wain, tapis daun menggunakan penapis mesh dan botol semula.

d) Tambah sirap ringkas dan soda atau limau secukup rasa - pilihan.

30. Daiquiri wain yang menyegarkan

Bahan

- 1 tin (6-oz) limau beku
- 1 pek (10-oz) strawberi beku; sedikit cair
- 12 auns wain putih
- kiub ais

Arah

a) Letakkan limau, strawberi dan wain dalam pengisar.

b) Blend sikit. Masukkan kiub ais dan teruskan gaul mengikut konsistensi yang diingini.

31. Koktel tembikai dan strawberi

Bahan

- 1 Charents Oregon melon
- 250 gram Strawberi; dibasuh
- 2 sudu teh gula kastor
- 425 mililiter Wain putih kering atau berkilauan
- 2 tangkai pudina
- 1 sudu teh lada hitam; hancur
- jus oren

Arah

a) Potong tembikai menjadi kepingan dan keluarkan biji. Belah separuh strawberi dan masukkan ke dalam mangkuk.

b) Keluarkan bebola tembikai menggunakan pemotong dan masukkan ke dalam mangkuk. taburkan gula halus, pudina cincang dan lada hitam.

c) Tuangkan jus oren dan wain. Kacau dengan teliti dan sejukkan selama 30 minit hingga 1 jam.

d) Untuk persembahan, letakkan koktel ke dalam kulit tembikai atau ke dalam gelas persembahan.

32. Kilauan wain permata

Bahan

- 1 Jello Lemon besar
- 1 cawan Air, mendidih
- 1 cawan Air, sejuk
- 2 cawan wain mawar
- ½ cawan anggur hijau tanpa biji
- ½ cawan beri biru segar
- 11 auns segmen oren Mandarin, toskan
- Daun selada

Arah

a) Dalam mangkuk besar, larutkan jelo dalam air mendidih; kacau dalam air sejuk dan wain. Sejukkan sehingga pekat tetapi tidak ditetapkan, kira-kira 1-½ jam. Lipat dalam segmen anggur, beri biru dan oren mandarin.

b) Tuangkan ke dalam acuan individu, atau acuan 6 cawan minyak. Sejukkan kira-kira 4 jam atau sehingga pejal. Untuk menghidang, tanggalkan acuan pada pinggan hidangan beralas salad.

33. Wain rosemary dan teh hitam

Bahan

- 1 botol klaret; ATAU... wain merah penuh yang lain
- 1 liter teh hitam pref. Assam atau Darjeeling
- ¼ cawan madu lembut
- ⅓ cawan Gula; atau secukup rasa
- 2 biji oren dihiris nipis dan dibiji
- 2 batang kayu manis (3 inci)
- 6 biji cengkih keseluruhan
- 3 tangkai rosemary

Arah

a) Tuangkan wain dan teh ke dalam periuk yang tidak berkarat. Masukkan madu, gula, oren, rempah, dan rosemary. Panaskan dengan api perlahan sehingga hampir tidak mengukus. Kacau sehingga madu larut.

b) Keluarkan kuali dari api, tutup, dan biarkan selama sekurang-kurangnya 30 minit. Apabila sedia untuk dihidangkan, panaskan semula sehingga kukus sahaja dan hidangkan panas

34. Penyembur Teh Earl Grey

Bahan

- 2 uncang teh Aged Earl Grey
- 1 buah beri biru
- Beberapa tangkai pudina segar
- ½ cawan sirap agave
- 1 botol wain putih berkilauan
- 1 dulang ketulan ais

Arah

a) Didihkan dua cawan air dan masukkan uncang teh. Biarkan mereka curam selama 10 minit, tambahkan sirap agave ke dalam adunan.

b) Kacau dulang kiub ais ke dalam adunan dan masukkan ke dalam peti ais sehingga ia sejuk.

c) Setelah sejuk, masukkan pudina dan beri biru secukup rasa, dan wain berkilauan, kemudian kacau bersama dalam periuk.

d) Nikmati!

35. Coklat Panas Diselit Wain

Bahan

- ½ cawan susu penuh krim
- ½ cawan setengah setengah - gantikan dengan bahagian yang sama susu penuh krim dan krim pekat ringan, jika tidak tersedia
- ¼ cawan/45g cip coklat gelap
- ½ cawan wain merah kering – sebaiknya Shiraz
- Beberapa titis ekstrak vanila
- 1 Sudu Besar/15ml gula
- Secubit kecil garam

Arah:

a) Satukan keseluruhan susu, separuh setengah, butang/cip coklat gelap, ekstrak vanila dan garam dalam periuk dengan api perlahan.

b) Kacau sentiasa untuk mengelakkan coklat di bahagian bawah daripada hangus, sehingga ia larut sepenuhnya. Setelah elok dan panas, keluarkan dari api dan tuangkan vino. Gaul sebati.

c) Rasa coklat panas dan laraskan kemanisan menggunakan gula. Tuangkan ke dalam mug coklat panas dan hidangkan segera.

36. Cranberry-wine punch

Bahan

- 1½ liter koktel jus kranberi; sejuk
- 4 cawan Burgundy atau wain merah kering lain; sejuk
- 2 cawan jus oren tanpa gula; sejuk
- hirisan oren; (pilihan)

Arah

a) Satukan 3 Bahan pertama dalam mangkuk besar; kacau hingga sebati.

b) Hiaskan dengan hirisan oren, jika mahu.

WINE-MAKANAN BERINFUS

37. Kolak buah dan wain

Bahan

- 4 buah Pear kecil
- 1 Oren
- 12 Prun lembap
- A 2.5 cm; (1 dalam) kayu; kayu manis
- 2 biji ketumbar
- 1 cengkih
- $\frac{1}{4}$ daun salam; (pilihan)
- $\frac{1}{3}$ pod vanila
- 4 sudu besar gula kastor
- $1\frac{1}{2}$ cawan wain merah yang baik

Arah

a) Kupas pir, dan basuh dan potong oren menjadi kepingan $\frac{1}{2}$ cm ($\frac{1}{4}$ in).

b) Perlahan-lahan letakkan pir, tangkai, dalam periuk. Letakkan prun di antara pear dan masukkan kayu manis, biji ketumbar, cengkih, daun bay, vanila dan gula kastor.

c) Teratas dengan hirisan oren dan tambah wain. Jika perlu, tambah air supaya terdapat cecair yang cukup untuk menutupi buah.

d) Didihkan, kecilkan hingga mendidih, dan rebus pir selama 25 hingga 30 minit sehingga lembut. Biarkan buah sejuk dalam cecair.

e) Keluarkan rempah dan hidangkan buah dan cecair dari hidangan hidangan yang menarik.

38. Truffle Coklat

Bahan

- 1 beg 10-oz cip coklat separa manis
- 1/2 cawan krim putar berat
- 1 sudu besar mentega tanpa garam
- 2 sudu besar wain merah
- 1 sudu teh ekstrak vanila
- Topping: badam salai hancur, serbuk koko, coklat cair dan garam laut

Arah:

a) Cincang coklat: Sama ada anda menggunakan blok coklat atau cip coklat, anda pasti mahu memotongnya untuk menjadikannya lebih mudah cair.

b) Letakkan coklat cincang dalam mangkuk keluli tahan karat atau kaca yang besar.

c) Panaskan Krim dan Mentega: Panaskan krim dan mentega dalam periuk kecil di atas api sederhana, hanya sehingga ia mula mendidih.

d) Satukan Krim dengan Coklat: Sebaik sahaja cecair mula mendidih segera tuangkan ke dalam mangkuk di atas coklat.

e) Tambah Cecair Tambahan: Masukkan vanila dan wain dan pukul sehingga rata.

f) Sejukkan/Sejukkan: Tutup mangkuk dengan bungkus plastik dan pindahkan ke peti sejuk selama kira-kira sejam (atau dalam peti sejuk selama 30 minit-1 jam), sehingga adunan menjadi pejal.

g) Gulung Truffle: Setelah truffle telah sejuk, cedoknya menggunakan pengisar tembikai dan gulungkannya dengan tangan anda. Ini akan menjadi kucar-kacir!

h) Kemudian salutkan dengan topping yang anda inginkan. Saya suka badam salai hancur, serbuk koko dan coklat terbaja cair dengan garam laut.

39. Ais krim dengan strawberi

Bahan

- 2 pint Strawberi
- ¼ cawan Gula
- ⅓ cawan Wain merah kering
- 1 batang kayu manis keseluruhan
- ⅛ sudu teh Lada, baru dikisar
- 1 liter aiskrim Vanila
- 4 tangkai pudina segar untuk Hiasan

Arah

a) Jika strawberi kecil, potong separuh; jika besar, potong empat.

b) Satukan gula, wain merah dan batang kayu manis dalam kuali besar; masak dengan api sederhana tinggi sehingga gula larut, kira-kira 3 minit. Tambah strawberi dan lada; masak sehingga beri lembut sedikit, 4 hingga 5 minit.

c) Keluarkan dari haba, buang batang kayu manis dan bahagikan beri dan sos di antara hidangan; hidangkan dengan aiskrim vanila dan setangkai pudina, jika mahu.

40. Melon mousse dalam wain muskat

Bahan

- 11 auns Daging Melon
- $\frac{1}{2}$ cawan wain Muskat Manis
- $\frac{1}{2}$ cawan Gula
- 1 cawan Krim Berat
- $\frac{1}{2}$ cawan Gula
- $\frac{1}{2}$ cawan Air
- Macam-macam buah
- $1\frac{1}{2}$ sudu besar Gelatin
- 2 putih telur
- 2 cawan wain Muskat Manis
- 1 batang kayu manis
- 1 buah vanila

Arah

a) Dalam pengisar, proseskan daging tembikai menjadi puri halus.

b) Masukkan gelatin dan ½ cawan wain Muskat ke dalam kuali kecil, dan biarkan mendidih, kacau rata untuk memastikan gelatin dibubarkan sepenuhnya.
Masukkan bancuhan gelatin ke dalam tembikai puri, dan gaul rata. Letakkan di atas mangkuk berisi ais kiub.

c) Sementara itu, pukul putih telur, masukkan gula secara beransur-ansur, sehingga pekat. Pindahkan mousse ke dalam mangkuk.

d) Untuk membuat sos, masukkan gula dan air ke dalam kuali sederhana, biarkan mendidih dan masak dengan api perlahan sehingga ia pekat dan bertukar menjadi perang keemasan. Tambah 2 cawan wain muskat, batang kayu manis, buah vanila, dan jalur kulit oren. Didih.

41. Wain Israel dan kek kacang

Bahan

- 8 biji telur
- 1½ cawan gula pasir
- ½ sudu teh Garam
- ¼ cawan jus oren
- 1 sudu besar kulit oren
- ¼ cawan wain merah
- 1¼ cawan hidangan kek Matzoh
- 2 sudu besar Pati kentang
- ½ sudu teh Kayu Manis
- ⅓ cawan Badam; dicincang sangat halus

Arah

a) Pukul 1¼ cawan gula dan garam secara beransur-ansur ke dalam campuran kuning telur sehingga sangat pekat dan berwarna cerah. Tambah jus oren, kulit, dan wain; pukul pada kelajuan tinggi sehingga pekat dan ringan, kira-kira 3 minit.

b) Ayak bersama makanan, kanji kentang, dan kayu manis; sedikit demi sedikit masukkan ke dalam adunan oren hingga sebati. Pukul putih telur pada kelajuan tertinggi sehingga putih berdiri di puncak tetapi tidak kering.

c) Lipat meringue sedikit ke dalam adunan. Lipat kacang ke dalam adunan perlahan-lahan.

d) Berubah menjadi kuali tiub 10 inci yang tidak digris dengan bahagian bawah dilapik dengan kertas lilin.

e) Bakar pada suhu 325 darjah.

42. Biskut wain

Hasil: 12 Hidangan

Bahan

- $1\frac{1}{4}$ cawan Tepung
- 1 secubit Garam
- 3 auns Shortening; (Oleo)
- 2 auns Gula
- 1 biji telur
- $\frac{1}{4}$ cawan Sherry

Arah

a) Sediakan seperti yang anda lakukan untuk biskut biasa, iaitu: satukan Bahan kering dan potong oleo. Satukan telur dan sherry dan gaul hingga menjadi doh yang lembut.

b) Sapukan pada permukaan yang ditaburkan tepung. Potong dengan pemotong biskut, letak atas loyang dan taburkan sedikit gula atau tepung. Bakar 350, 8 hingga 10 minit.

43. Fondue wain gooseberry

Bahan

- 1½ paun Gooseberry; atas dan ekor
- 4 auns gula kastor (berbutir).
- ⅔ cawan Wain putih kering
- 2 sudu kecil tepung jagung (tepung jagung)
- 2 sudu besar krim tunggal (ringan).
- Brandy sentap

Arah

a) Simpan beberapa buah gooseberry untuk hiasan, kemudian masukkan baki melalui penapis untuk membuat puri.

b) Dalam periuk fondue, campurkan tepung jagung dengan krim. Kacau dalam puri gooseberry, kemudian panaskan sehingga licin dan pekat, kacau selalu.

c) Hiaskan dengan gooseberry yang telah dikhaskan dan sajikan dengan ketul brendi.

44. Kek dan puding wain

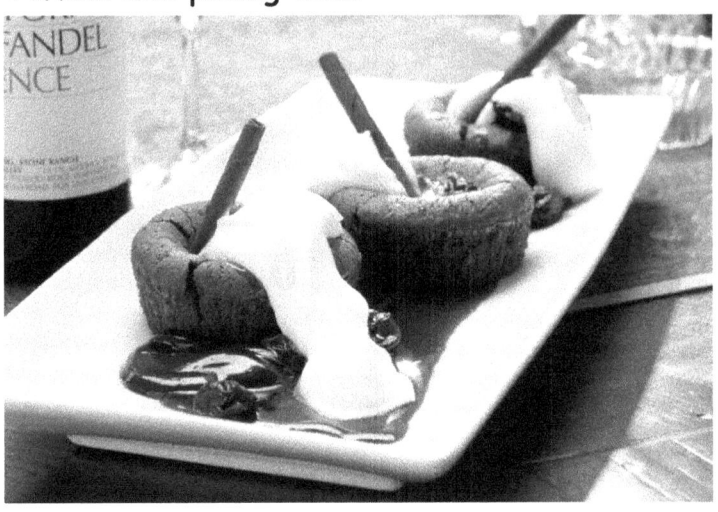

Bahan

- makaroni
- 1-pint Wain
- 3 kuning telur
- 3 putih telur
- Kek span
- Jari wanita
- 1 sudu teh Tepung jagung
- 3 sudu teh Gula
- ½ cawan Kacang, dicincang

Arah

a) Letakkan kepingan kek span, jari wanita atau kek yang serupa ke dalam pinggan tembikar (isi kira-kira ½ penuh). Masukkan beberapa biji makaroni. Panaskan wain. Campurkan tepung jagung dan gula bersama-sama dan perlahan-lahan masukkan wain.

b) Pukul kuning telur dan masukkan ke dalam campuran wain. Masak kira-kira 2 minit. Tuangkan ke atas kek dan biarkan sejuk. Apabila sejuk, tutup dengan putih telur yang telah dipukul kaku dan taburkan dengan kacang yang telah dicincang.

c) Bakar pada 325-F selama beberapa minit hingga perang. Hidangkan sejuk

45. Wain merah dan blueberry granita

Bahan

- 4 cawan beri biru segar
- 2 cawan sirap gula
- 2 cawan Burgandy atau wain merah kering
- 4½ cawan Gula
- 4 cawan Air

Arah

a) Tapis Blueberry ke dalam periuk besar dengan ayak, buang pepejal. Tambah sirap dan wain, biarkan campuran mendidih, kecilkan api, kemudian biarkan mendidih, tidak bertutup, 3-4 minit. tuangkan adunan ke dalam pinggan persegi 8 inci, tutup dan beku sekurang-kurangnya 8 jam atau sehingga padat.

b) Keluarkan adunan dari peti sejuk, dan kikis keseluruhan adunan dengan garpu hingga kembang. Sudukan ke dalam bekas; tutup dan bekukan sehingga satu bulan.

c) Sirap Gula Asas: Satukan dalam periuk, kacau rata. Didihkan, masak sehingga gula larut.

46. Melon dan blueberry coupé

Bahan

- 1½ cawan wain putih kering
- ½ cawan Gula
- 1 biji vanila; belah memanjang
- 2⅓ cawan kiub Cantaloupe; (kira-kira 1/2 tembikai)
- 2⅓ cawan kiub Honeydew
- 2⅓ cawan kiub tembikai
- 3 cawan beri biru segar
- ½ cawan pudina segar yang dicincang

Arah

a) Satukan ½ cawan wain dan gula dalam periuk kecil. Kikis dalam biji dari kacang vanila; masukkan kacang. Kacau dengan api perlahan sehingga gula larut dan sirap panas, kira-kira 2 minit. Keluarkan dari haba dan biarkan curam 30 minit. Keluarkan kacang vanila dari sirap.

b) Satukan semua buah dalam mangkuk besar. Masukkan pudina dan baki 1 cawan wain ke dalam sirap gula. Tuangkan ke atas buah. Tutup dan sejukkan sekurang-kurangnya 2 jam.

c) Sudukan buah dan sedikit sirap ke dalam cawan bertangkai besar.

47. Pai limau dengan krim wain

Bahan

- 1¼ cawan krim putar sejuk
- 6 sudu besar Gula
- 2 sudu besar wain pencuci mulut manis
- 1½ sudu besar jus lemon segar
- 1 sudu besar walnut dicincang halus
- ¼ cawan Gula
- ½ sudu teh Garam
- ¾ cawan mentega tanpa garam sejuk
- 2 biji kuning telur besar dan 4 biji telur besar
- ½ cawan jus limau nipis segar dan 1 sudu besar kulit limau parut

Arah

a) Satukan krim, gula, wain dan jus lemon dalam mangkuk adunan dan pukul sehingga soft peak terbentuk. Berhati-hati lipat dalam kacang.

b) Campurkan tepung, gula dan garam dalam pemproses. Tambah mentega; potong menggunakan pusingan hidup/mati sehingga adunan menyerupai tepung kasar. Pukul kuning dan air dalam mangkuk. Tambahkan pada pemproses; gaul menggunakan pusingan hidup/mati sehingga terbentuk gumpalan lembap. Bakar 20 minit.

c) Pukul telur dan gula dalam mangkuk sehingga ringan dan berkrim. Ayak tepung ke dalam campuran telur; pukul hingga sebati. Masukkan buttermilk. Cairkan mentega bersama jus limau nipis dan Pukul ke dalam adunan telur. Tuangkan inti ke dalam kerak.

48. Matzoh-gulung wain

Bahan

- 8 Petak matzoh
- 1 cawan wain merah manis
- 8 auns coklat separa manis
- ½ cawan Susu
- 2 sudu besar Koko
- 1 cawan Gula
- 3 sudu besar Brandy
- 1 sudu teh serbuk kopi segera
- 2 batang marjerin

Arah

a) Hancurkan matzoh dan rendam dalam wain. Cairkan coklat bersama susu, serbuk koko, gula, brendi dan kopi dengan api yang sangat perlahan.

b) Angkat dari api dan masukkan marjerin. Kacau hingga cair.

c) Masukkan matzoh ke dalam adunan coklat. Bahagikan adunan kepada dua bahagian. Bentuk setiap separuh menjadi gulungan panjang dan balut rapat dengan kerajang aluminium. Sejukkan semalaman, keluarkan aluminium foil dan potong.

d) Letakkan dalam kertas empat cawan dan hidangkan.

49. Moustokouloura

Bahan

- $3\frac{1}{2}$ cawan tepung serba guna ditambah tambahan untuk menguli
- 2 sudu teh Baking soda
- 1 sudu besar Kayu manis yang baru dikisar
- 1 sudu besar cengkih yang baru dikisar
- $\frac{1}{4}$ cawan minyak zaitun ringan
- 2 sudu besar Madu
- $\frac{1}{2}$ cawan wain Yunani mesti sirap
- $\frac{1}{2}$ Oren
- 1 cawan jus oren

Arah

a) Ayak bersama tepung, soda penaik, kayu manis, dan bunga cengkih ke dalam mangkuk besar, buat perigi di tengah.

b) Dalam mangkuk yang lebih kecil, pukul minyak zaitun dengan madu, petimezi, kulit oren parut, dan ½ jus oren dan tuangkan ke dalam perigi. Gaul sebati sehingga menjadi doh.

c) Balikkan ke atas permukaan tepung dan uli selama kira-kira 10 minit sehingga doh licin tetapi tidak keras.

d) Pecahkan kepingan doh, kira-kira 2 sudu besar setiap satu, dan gulung menjadi ular kira-kira ½ inci diameter.

e) Bakar dalam ketuhar yang dipanaskan hingga 375 F selama 10-15 minit- sehingga ia berwarna perang dan rangup, tetapi tidak terlalu keras.

50. Wafer oren-wain

Bahan

- 2½ sudu besar kulit oren
- 2 cawan Pastri atau tepung serba guna
- ½ sudu teh Garam
- 1 sudu teh serbuk penaik
- 2 sudu besar (1/4 batang) mentega atau
- Marjerin, dilembutkan
- ½ cawan wain putih

Arah

a) Panaskan ketuhar hingga 350~F.

b) Untuk menyediakan semangat, parut sedikit kulit luar oren terhadap parut halus parutan keju.

c) Dalam mangkuk besar satukan tepung, kulit oren, garam dan serbuk penaik. Potong mentega dan masukkan wain perlahan-lahan.

d) Pada permukaan yang ditaburkan tepung, lipat sepertiga kiri doh di atas sepertiga tengah. Begitu juga, lipat sepertiga kanan di atas tengah.

e) Canai doh kali ini lebih nipis, kira-kira $\frac{1}{8}$ inci tebal.

f) Dengan pisau tajam, potong kepada segi empat sama 2 inci.

g) Cucuk setiap keropok sehingga 2 atau 3 kali dengan garpu. Bakar selama 15 hingga 20 minit, sehingga perang sedikit.

51. Kek badam oren

Bahan

- ½ cawan mentega tanpa garam - (1 batang); dilembutkan
- 1 cawan gula pasir
- 2 biji telur
- 2 sudu teh Vanila
- ½ sudu teh ekstrak badam
- ¼ cawan badam yang tidak dikisar
- 2 sudu teh parutan kulit oren
- 1½ cawan tepung serba guna; tambah lagi
- 2 sudu besar tepung serba guna
- 2 sudu teh serbuk penaik
- 1 sudu teh Garam
- 1 cawan krim masam
- 1 pain Raspberi atau strawberi
- ½ cawan wain berkilauan

Arah

a) Pukul mentega dan gula bersama sehingga ringan dan gebu.

b) Tambah telur, vanila, ekstrak badam, badam dan kulit oren; pukul perlahan sehingga sebati. Ayak tepung, serbuk penaik dan garam bersama-sama; masukkan secara berselang-seli kepada adunan mentega dengan krim masam.

c) Tuangkan adunan ke dalam kuali; ketuk perlahan untuk meratakannya. Bakar selama kira-kira 20 minit.

d) Biarkan sejuk selama 10 minit; keluarkan dari loyang kek atau keluarkan bahagian springform. Taburkan beri dengan gula, kemudian toskan dengan wain berkilauan yang cukup untuk melembapkannya dengan teliti.

e) Letakkan kek di atas pinggan, kelilingi dengan beri dan jus.

52. Tart plum dengan crème fraiche

Bahan

- 10 inci kulit pastri manis; sehingga 11
- 550 gram plum; dibasuh
- 2 sudu besar gula kastor
- 125 mililiter Port wain
- 1 pod vanila potong bahagian tengah
- ½ pint Krim
- 1 auns Tepung
- 2 auns Gula
- 2 biji kuning telur
- 2 Daun gelatin; basah kuyup

Arah

a) Keluarkan batu dari plum dan potong empat. Bakar bekas pastri manis buta dan sejuk.

b) Buat pat crème dengan mencampurkan telur dan gula dalam mangkuk di atas air panas. Tambah satu sudu krim dan tambah tepung secara beransur-ansur.

Tambah lagi krim dan masukkan ke dalam kuali bersih dan panaskan semula.

c) Letakkan lapisan crème pat yang baik pada dasar bekas pastri dan paras licin dengan pisau palet atau pengikis plastik.

d) Susun plum pada pastri dan bakar dalam ketuhar selama 30-40 minit.

e) Reneh gula dalam wain port dan tambah pod vanila, kurangkan cecair sedikit. Masukkan gelatin daun dan sejukkan sedikit. Keluarkan tart dan sejukkan, tuangkan ke atas port glaze dan biarkan di dalam peti sejuk untuk ditetapkan. Hiris dan hidangkan bersama crème fraiche.

53. Brownies Wain Merah

Bahan

- ¾ cawan (177 mL) wain merah
- ½ cawan (60 g) cranberi kering
- 1 ¼ (156 g) cawan tepung serba guna
- ½ sudu teh garam laut
- ½ cawan (115 g) mentega masin, ditambah tambahan untuk pelinciran
- 6 oz. (180 g) coklat gelap atau separa manis
- 3 biji telur besar
- 1 ¼ cawan (250 g) gula
- ½ cawan (41 g) serbuk koko tanpa gula
- ½ cawan (63 g) walnut cincang (pilihan)

Arah:

a) Dalam mangkuk kecil, campurkan wain merah dan cranberi bersama-sama dan biarkan selama 30 minit hingga satu jam atau sehingga cranberi kelihatan gebu. Anda boleh memanaskan wain dan cranberry dengan perlahan di atas dapur atau dalam ketuhar gelombang mikro untuk mempercepatkan proses.

b) Panaskan ketuhar hingga 350 darjah F. dan gris dan tepung dalam kuali 8 kali 8 inci.

c) Campurkan tepung dan garam laut dalam mangkuk dan ketepikan.

d) Dalam mangkuk di atas air mendidih, panaskan mentega dan coklat sehingga cair dan sebati.

e) Keluarkan mangkuk dari api dan pukul telur satu demi satu. (Jika mangkuk kelihatan sangat panas, anda mungkin mahu membiarkannya sejuk selama kira-kira 5 minit sebelum menambah telur).

54. Panna cotta vanila

Bahan

- Krim - 2 cawan
- Gula, ditambah 3 Sudu Besar - 1/4 cawan
- Biji vanila - kedua-duanya dibelah dua, biji dikikis dari satu - 1
- Pes vanila - 1/2 sudu kecil
- Minyak - 1 Sudu Besar
- Gelatin serbuk dicampur dengan 90ml air sejuk - 2 sudu kecil
- Strawberi Punnet - 125 g
- Wain merah - 1/2 cawan

Arah:

a) Panaskan krim dan 1/2 cawan gula perlahan-lahan dalam periuk sehingga semua gula larut. Keluarkan dari api dan kacau dalam ekstrak vanila dan 1 biji vanila bersama-sama dengan biji yang dikikis daripadanya.

b) Taburkan gelatin ke atas air sejuk dalam mangkuk besar dan gabungkan perlahan-lahan.

c) Tuangkan krim yang telah dipanaskan ke atas gelatin dan satukan dengan teliti sehingga gelatin telah dibubarkan. Tapis adunan melalui penapis.

d) Bahagikan adunan di antara mangkuk yang telah digris dan sejukkan sehingga set. Ini biasanya akan mengambil masa sehingga 3 jam.

e) Dalam periuk panaskan wain merah, 6 sudu besar gula dan baki kacang vanila sehingga mendidih.

f) Bilas, kulit dan hiris strawberi dan masukkan ke dalam sirap, kemudian sudukan panna cotta yang dikeluarkan.

55. Tart wain

Bahan

- 140 gram tepung biasa (5 oz.)
- 1 sudu teh serbuk penaik
- 60 gram mentega tanpa garam (2 1/4 oz.)
- 1 sudu garam
- 120 gram gula kastor (4 oz.)
- 1 sudu teh kayu manis tanah
- 10 gram tepung biasa (1/4 oz.)
- ½ sudu teh Gula
- 3 sudu besar Susu
- 100 mililiter Wain putih kering yang baik
- 15 gram Mentega (lebih kurang 1/2 oz.)

Arah

a) Pastri: masukkan tepung, serbuk penaik dan mentega lembut bersama-sama dalam mangkuk besar. Masukkan garam dan gula. Masukkan susu.

b) Masukkan pastri ke dalam dasar loyang.

c) Campurkan gula, kayu manis dan tepung bersama-sama. Sapukan adunan ini ke seluruh bahagian bawah tart. Tuangkan wain ke atas campuran gula dan campurkan dengan hujung jari anda.

d) Masak tart di bahagian bawah ketuhar yang telah dipanaskan selama 15 ... 20 minit.

e) Biarkan tart sejuk sebelum dikeluarkan dari loyang.

56. Zabaglione

Bahan

- 6 kuning telur
- ½ cawan Gula
- ⅓ cawan Wain putih sederhana

a) Pukul kuning telur dengan pengadun elektrik di atas dandang berganda sehingga berbuih. Pukul gula secara beransur-ansur. Tuangkan air panas secukupnya di bahagian bawah dandang berganda supaya bahagian atas tidak menyentuh air.

b) Masak kuning telur dengan api sederhana; campurkan dalam wain perlahan-lahan, pukul pada kelajuan tinggi sehingga licin, pucat dan cukup tebal untuk berdiri dalam busut lembut.

c) Hidangkan segera dalam gelas bertangkai cetek.

57. Buah musim sejuk dalam wain merah

Bahan

- 1 Lemon
- 500 mililiter Wain merah
- 450 gram gula kastor
- 1 buah vanila; dibelah dua
- 3 daun salam
- 1 batang kayu manis
- 12 biji lada hitam
- 4 buah Pear kecil
- 12 Prun tanpa rendam
- 12 Aprikot tanpa rendam

Arah

a) Kupas sejalur kulit limau dan belah limau itu separuh. Masukkan kulit limau, gula, wain, pod vanila, daun bay dan rempah ke dalam kuali besar tidak reaktif dan rebus, kacau.

b) Kupas buah pir dan gosok dengan bahagian muka lemon untuk menghentikan perubahan warna. Didihkan semula sirap wain merah, kecilkan hingga mendidih dan masukkan pir.

c) Masukkan prun dan aprikot kepada pear. Gantikan penutup dan biarkan sejuk sepenuhnya sebelum disejukkan semalaman.

58. Kek teh lemon

Bahan

- ½ cawan wain merah kering
- 3 sudu besar jus lemon segar
- 1½ sudu besar Tepung jagung
- 1 cawan beri biru segar
- Cubit kayu manis tanah dan buah pala
- ½ cawan mentega tanpa garam; suhu bilik
- 1 cawan Gula
- 3 biji Telur besar
- 2 sudu besar kulit limau parut
- 2 sudu besar jus lemon segar
- 1 sudu teh ekstrak vanila
- 1½ cawan tepung kek yang diayak
- ½ sudu teh serbuk penaik dan ¼ baking soda
- ¼ sudu teh Garam
- ½ cawan krim masam

Arah

a) Kacau air, gula, wain merah kering, jus lemon segar dan tepung jagung dalam periuk sederhana.

b) Tambah beri biru. Rebus sehingga sos cukup pekat untuk menutup belakang sudu, kacau sentiasa, kira-kira 5 minit.

c) Pukul mentega dan gula dalam mangkuk besar sehingga kembang. Pukul telur, 1 pada satu masa. Pukul dalam kulit limau parut, jus lemon dan ekstrak vanila. Ayak tepung kek, serbuk penaik, baking soda dan garam ke dalam mangkuk sederhana.

d) Tuang adunan ke dalam loyang yang telah disediakan. Bakar dan kemudian sejukkan kek di atas rak 10 minit.

59. Wain dan Kupang Berinfus Safron

Bahan

- 2 biji bawang, dikupas dan dibelah dua
- 2 biji cili merah, buang batang
- 2 sudu besar minyak zaitun
- 1/2 sudu kecil benang kunyit, rendam dalam 2 sudu besar air panas
- 300ml wain putih kering
- 500ml stok ikan
- 2 sudu besar pes tomato
- Serpihan garam laut dan lada hitam yang baru dikisar
- 1kg kupang segar, janggut dibuang dan dibersihkan
- Beberapa tangkai thyme

Arah:

a) Masukkan bawang dan cili ke dalam pemproses.

b) Letakkan kuali di atas api sederhana kecil, masukkan bawang besar dan cili dan masak kacau selama 5 minit sehingga bawang berkilat dan lembut.

c) Masukkan adunan benang kunyit dan masak 30 saat. Masukkan wain, stok ikan, pes tomato dan perasakan dengan garam dan lada sulah. Didihkan, kecilkan api dan reneh selama 5 minit

d) Besarkan api, apabila sos mendidih masukkan kerang dan tangkai thyme. Tutup dengan tudung dan masak 3-5 minit, goncang kuali sekali-sekala, sehingga kerang wap terbuka

e) Hidangkan segera dengan roti berkerak

60. Kerang dalam sos wain

Bahan

- 2 paun kerang laut
- 2 sudu besar minyak zaitun
- ¼ sudu besar kepingan lada panas
- 2 ulas bawang putih; dicincang halus
- 1 sudu besar wain putih
- 1 sudu besar serbuk kari
- 1 tomato kecil; dikupas, dibiji dan dicincang
- ¼ cawan krim pekat
- 2 sudu besar sos Tabasco
- Garam dan lada sulah secukup rasa
- 1 sudu besar pasli; dicincang halus

Arah

a) Tuangkan sedikit minyak zaitun ke dalam salah satu kuali di atas julat. Kemudian, masukkan kepingan lada merah, bawang putih dan wain putih. Masukkan semua kerang laut ke dalam kuali. Tutup kuali dan biarkan kerang masak dengan api besar sehingga kerang menjadi pejal dan legap.

b) Keluarkan kuali dari api dan pindahkan kerang ke mangkuk hidangan yang besar. Masukkan 1 sudu besar minyak dan serbuk kari ke dalam periuk kecil dan masak selama 1-2 minit.

c) Masukkan cecair kerang yang dikhaskan ke dalam periuk minyak dan kari dengan menapis $\frac{3}{4}$ cawan melalui kain keju atau penapis kopi. Pada periuk yang sama, masukkan kepingan tomato, krim, Tabasco, garam, lada dan pasli, dan panaskan selama 2 hingga 3 minit.

.

61. Stik halibut dengan sos wain

Bahan

- 3 sudu besar Bawang merah; dicincang
- $1\frac{1}{2}$ paun stik Halibut; Setebal 1 inci, potong 4 inci
- 1 cawan wain putih kering
- 2 tomato plum sederhana; dicincang
- $\frac{1}{2}$ sudu teh tarragon kering
- $\frac{1}{4}$ sudu teh Garam
- $\frac{1}{8}$ sudu teh Lada
- 2 sudu besar minyak zaitun

Arah

a) Panaskan ketuhar hingga 450 darjah. Taburkan bawang merah di bahagian bawah hidangan pembakar 1-$\frac{1}{2}$ hingga 2 liter. Letakkan ikan dalam kuali pembakar cetek dan tuangkan wain.

b) Taburkan tomato cincang, tarragon, garam, dan lada sulah ke atas ikan. Siram dengan minyak.

c) Bakar 10 hingga 12 minit, sehingga ikan menjadi legap sepanjang masa. Keluarkan ikan dengan spatula berlubang ke dalam hidangan hidangan dan kupas kulitnya.

d) Tetapkan loyang (jika logam) di atas penunu dapur atau tuangkan cecair dan sayur-sayuran ke dalam periuk kecil. Rebus dengan api yang tinggi sehingga sos berkurangan sedikit, 1 hingga 2 minit. Sudukan sos ke atas ikan dan hidangkan.

62. Gulung daging Yunani dalam sos wain

Bahan

- 2 paun daging lembu atau ayam belanda tanpa lemak
- 4 keping Roti bakar putih kering, hancur
- Bawang besar dan Bawang Putih
- 1 biji telur, dipukul sedikit
- 1 sudu besar Gula
- Secubit Garam, Jintan Manis, Lada Hitam
- Tepung (kira-kira 1/2 C.)
- 1 tin (12-oz) pes tomato
- $1\frac{1}{2}$ cawan wain merah kering
- 2 sudu teh Garam
- Nasi kukus
- pasli cincang

Arah

a) Gaulkan Bahan kering sehingga sebati dan padat.

b) Basahkan tangan dalam air sejuk dan bentukkan sudu besar adunan daging menjadi gulungan (batang) kira-kira 2-$\frac{1}{2}$" hingga 3" panjang. Salutkan setiap gulungan dengan sedikit tepung.

c) Dalam kuali yang dalam, panaskan kira-kira $\frac{1}{2}$" minyak dan gulungan perang beberapa demi satu, berhati-hati agar tidak sesak. Keluarkan gulungan perang ke tuala kertas untuk mengalir.

d) Dalam ketuhar Belanda, pukul bersama pes tomato, air, wain, garam, dan jintan manis. Masukkan gulungan daging ke dalam sos. Tutup dan reneh selama 45 minit hingga satu jam, sehingga gulung daging habis. Rasa sos dan tambah garam jika perlu.

63. Lentil dengan sayur-sayuran berlapis

Bahan

- 1½ cawan lentil hijau Perancis; disusun dan dibilas
- 1½ sudu teh Garam; dibahagikan
- 1 daun salam
- 2 sudu teh minyak zaitun
- Bawang besar, saderi, bawang putih
- 1 sudu besar pes tomato
- ⅔ cawan Wain merah kering
- 2 sudu teh mustard Dijon
- 2 sudu besar Mentega atau minyak zaitun extra-virgin
- Lada yang baru dikisar secukup rasa
- 2 sudu teh pasli segar

Arah

a) Masukkan lentil dalam periuk dengan 3 cawan air, 1 sudu kecil. garam, dan daun bay. Biarkan mendidih.

b) Sementara itu, panaskan minyak dalam kuali sederhana. Masukkan bawang, lobak merah, dan saderi, perasakan dengan ½ sudu kecil. garam, dan masak dengan api sederhana tinggi, kacau kerap, sehingga sayur-sayuran menjadi perang, kira-kira 10 minit. Masukkan bawang putih dan pes tomato, masak selama 1 minit lagi, dan kemudian tambah wain.

c) Didihkan, dan kemudian kecilkan api dan reneh, ditutup, sehingga cecair menjadi sirap.

d) Kacau dalam mustard dan masukkan lentil yang telah dimasak bersama dengan kuahnya.

e) Reneh sehingga sos berkurangan, kemudian masukkan mentega dan perasakan dengan lada sulah.

64. Halibut dalam sos sayuran

Bahan

- 2 paun Halibut
- ¼ cawan Tepung
- ½ sudu teh Garam
- Lada putih
- 1 sudu besar pasli cincang
- ¼ cawan minyak zaitun
- 1 ulas bawang putih ditumbuk
- 1 biji bawang besar dihiris
- 1 lobak merah parut
- 2 tangkai saderi dicincang
- 1 tomato cincang besar
- ¼ cawan Air
- ¾ cawan wain putih kering

Arah

a) Satukan tepung, garam, lada sulah dan pasli: korek ikan dengan adunan tepung. Panaskan minyak zaitun dalam kuali;

masukkan halibut dan goreng sehingga perang keemasan di kedua-dua belah.

b) Keluarkan dari kuali dan ketepikan. Masukkan bawang putih, bawang besar, lobak merah dan saderi ke dalam kuali: tumis' 10-15 minit, sehingga lembut. Masukkan tomato dan air, reneh 10 minit.

c) Keluarkan sos dari api dan tuangkan ke dalam pengisar; puri. Kacau dalam wain. Kembali ke kuali: letak ikan dalam sos. Tutup dan reneh 5 minit.

65. Sosej herba dalam wain

Bahan

- ½ paun Sosej Manis Itali
- ½ paun Sosej Panas Itali
- ½ paun Kielbasa
- ½ paun Buckhurst (Sosej Daging Lembu)
- 5 Bawang Hijau, Kisar
- 2 cawan Wain Putih Kering
- 1 sudu besar Daun Thyme Segar Dicincang
- 1 sudu besar Pasli Segar Dicincang Halus
- ½ sudu teh Sos Lada Tabasco

Arah

a) Potong sosej menjadi kepingan ½ inci. Dalam kuali yang dalam di atas api sederhana, masak sosej Itali selama 3 hingga 5 minit, atau sehingga perang sedikit. Buang lemak. Masukkan baki sosej dan bawang hijau, dan masak selama 5 minit lagi.

b) Kecilkan api, masukkan bahan yang tinggal, dan reneh selama 20 minit, kacau sekali-sekala. Hidangkan segera, atau panaskan dalam hidangan yang melecet. Hidangkan dengan pencungkil gigi.

66. Gulung ikan dalam wain putih

Bahan

- ⅔ cawan Anggur hijau tanpa biji, Dibelah dua
- ¾ cawan wain putih kering
- Empat; (6 hingga 8 auns)
- menggelepar tanpa kulit
- ⅓ cawan Daun pasli segar dicincang
- 1 sudu besar Thyme segar dicincang
- ¼ cawan bawang cincang
- 2 sudu besar mentega tanpa garam
- 1 sudu besar tepung serba guna
- ¼ cawan krim pekat
- 1 sudu teh jus lemon segar

Arah

a) Dalam periuk kecil biarkan bahagian anggur hancur dalam wain selama 1 jam.

b) Belah separuh fillet memanjang, perasakan dengan garam dan lada sulah, dan taburkan bahagian berkulit dengan pasli dan thyme. Gulungkan setiap bahagian fillet dengan 1 buah anggur yang telah dikhaskan di tengah dan selamatkannya dengan pemetik kayu.

c) Dalam periuk kecil masak bawang dalam mentega, kacau dalam tepung, dan masak roux.

d) Masukkan krim, anggur macerated, jus lemon, dan garam dan lada secukup rasa dan rebus sos, kacau selama 3 minit.

e) Tuangkan sebarang cecair yang terkumpul di atas pinggan, bahagikan gulungan ikan di antara 4 pinggan yang dipanaskan, dan sudukan sos di atasnya.

67. Tauhu herba dalam sos wain putih

Bahan

- 2 sudu besar (soya) marjerin
- 1½ sudu besar Tepung
- ½ cawan susu (soya).
- ½ cawan wain putih
- 1 biji bawang besar
- 1 biji cengkih dikisar
- 1 sudu garam
- ½ paun atau lebih tauhu herba, dipotong dadu
- Pasta kegemaran anda, cukup

Arah

a) Cairkan marjerin dalam kuali dan pukul dalam tepung. Sejukkan sedikit dan kemudian pukul dalam wain dan susu (soya).

b) Masukkan bawang, cengkih, dan garam ke dalam sos dan kacau dengan api perlahan sehingga sos sedikit pekat. Jika terlalu pekat, masukkan sedikit air. Masukkan tauhu dan renehkan semasa anda memasak pasta.

c) Hidangkan tauhu dan sos di atas pasta, berikan bawang kepada orang yang lebih menyukainya.

68. Sotong panggang dalam perapan wain merah

Bahan

- 2 Sotong 1 1/2 paun dibersihkan
- Lobak merah, Saderi dan Bawang
- 2 daun salam
- 2 sudu teh Garam
- Lada hitam keseluruhan dan thyme kering
- 2 cawan wain merah
- 3 sudu besar minyak zaitun extra-virgin
- 3 sudu besar cuka wain merah
- 3 sudu besar wain merah kering
- Garam, Lada hitam tanah segar
- 1⅓ cawan kuah masak sotong yang ditapis
- ¼ cawan minyak zaitun extra-virgin
- 1 sudu besar jus lemon
- 2 sudu besar Mentega

Arah

a) Dalam kaserol besar gabungkan sotong, lobak merah, saderi, bawang, daun bay, garam, lada, thyme, wain merah dan air. Didihkan perlahan.

b) Buat perapan: dalam mangkuk kecil satukan bahan perapan. Tuangkan ke atas sotong dan toskan hingga berbalut.

c) Buat sos: dalam periuk kecil gabungkan sup yang ditapis, minyak zaitun, jus lemon dan cuka. Kacau dalam pasli.

d) Bakar 4 minit, diputar dengan kerap, sehingga sedikit hangus dan dipanaskan.

69. Pisang manis yang dibakar dalam wain

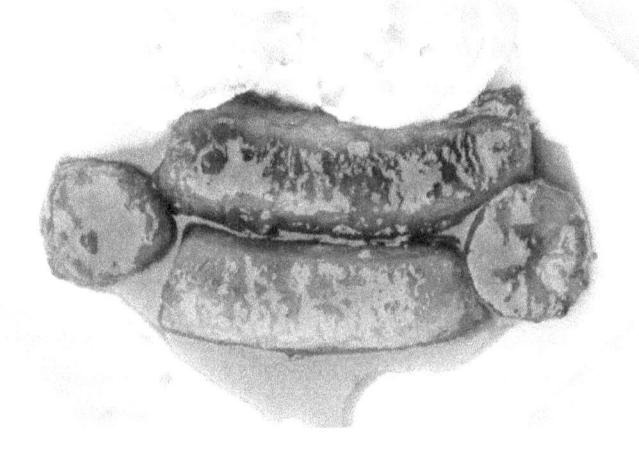

Bahan

- 4 setiap satu pisang yang sangat masak
- 1 cawan minyak zaitun
- ½ cawan gula perang
- ½ sudu teh kayu manis tanah
- 1 cawan wain Sherry

Arah

a) Panaskan ketuhar hingga 350F. Keluarkan kulit pisang raja dan potong memanjang dua. Dalam kuali tumis yang besar, panaskan minyak hingga sederhana panas dan masukkan pisang raja.

b) Masak mereka sehingga perang sedikit di setiap sisi. Letakkannya dalam hidangan pembakar yang besar dan taburkan gula ke atas semua. Masukkan kayu manis dan tutup dengan wain. Bakar selama 30 minit, atau sehingga mereka mendapat warna kemerahan.

70. Pasta dalam sos lemon dan wain putih

Bahan

- 1½ paun Pasta; pilihan anda
- 1 dada ayam penuh; masak, julienne
- 10 auns Asparagus; diputihkan
- ¼ cawan Mentega
- ½ Bawang kecil
- 4 sudu besar tepung serba guna
- 2 cawan wain putih kering
- 2 cawan air rebusan ayam
- 12 sudu kecil perahan lemon
- 1 sudu besar thyme segar; dicincang
- 1 sudu besar Dill segar; dicincang
- 3 sudu besar mustard Dijon
- Garam dan lada; untuk rasa
- Keju parmesan; parut

Arah

a) Masak pasta dan tahan Masak dada ayam dan rebus asparagus; tahan. Panaskan mentega dalam periuk besar dengan api sederhana rendah. Masukkan bawang dan tumis ,sehingga berwarna perang dan sangat lembut.

b) Masukkan tepung dan kecilkan api. Kacau sehingga sebati sepenuhnya. Pukul wain putih dan sup secara beransur-ansur.

c) Didihkan sos dan biarkan mendidih selama 10 minit. Masukkan kulit limau, thyme, dill, mustard dan perasakan dengan garam dan lada putih secukup rasa. Masukkan ayam masak dan julienne dan asparagus.

71. Pasta dengan kupang dalam wain

Bahan

- 1 paun kerang (dalam cangkerangnya)
- Wain putih (cukup untuk mengisi periuk cetek besar kira-kira 1/2 inci)
- 2 Ulas bawang putih besar, cincang halus
- 2 sudu besar minyak zaitun
- 1 sudu teh Lada yang baru dikisar
- 3 sudu besar basil segar yang dicincang
- 1 tomato besar, dicincang kasar
- 2 paun Pasta

Arah

a) Basuh kerang dengan teliti, cabut semua janggut, dan kikis cangkerang jika perlu. Letakkan dalam periuk dengan wain.

b) Tutup rapat dan kukus sehingga cangkerang terbuka Semasa kerang sejuk sedikit, letakkan sup wain di atas api sederhana dan masukkan bawang putih, minyak zaitun, lada, tomato, dan selasih.

c) Tuangkan sos ke atas linguini panas atau fettucini dan hidangkan!

72. Fettucine wain merah dan buah zaitun

Bahan

- 2½ cawan Tepung
- 1 cawan tepung semolina
- 2 biji telur
- 1 cawan wain merah kering
- 1 hidangan lumache alla marchigiana

Arah

a) Untuk Menyediakan Pasta: Buat perigi tepung dan letakkan telur dan wain di tengah.

b) Dengan menggunakan garpu, pukul bersama telur dan wain dan mula masukkan tepung bermula dengan tepi dalam perigi.

c) Mula menguli doh dengan kedua-dua tangan, menggunakan tapak tangan anda.

d) Canai pasta ke tetapan paling nipis pada mesin pasta. Potong pasta menjadi mi setebal ¼ inci dengan tangan atau dengan mesin dan ketepikan di bawah tuala lembap.

e) Didihkan 6 liter air dan masukkan 2 sudu besar garam. Panaskan siput hingga mendidih dan ketepikan.

f) Titiskan pasta ke dalam air dan masak sehingga empuk. Toskan pasta dan masukkan ke dalam kuali bersama siput, toskan hingga sebati. Hidangkan segera dalam hidangan hidangan hangat.

73. Pasta Orecchiette dan ayam

Bahan

- 6 ekor paha ayam besar, bertulang dan berkulit
- Garam dan Lada Hitam yang baru dikisar, secukup rasa
- 2 sudu besar Minyak Zaitun atau Canola
- ½ paun Cendawan Shiitake Segar
- Bawang besar, Bawang Putih, Lobak Merah dan Saderi
- 2 cawan Wain Merah Segar
- 2 cawan Tomato masak, dipotong dadu, dibiji
- 1 sudu teh Fresh Thyme/Fresh Sage
- 4 cawan Stok Ayam
- ⅓ cawan Parsley Dicincang Halus
- ½ paun Orecchiette Pasta, belum dimasak
- ¼ cawan Basil Segar yang dicincang
- ¼ cawan Tomato Sundried Toskan

- Tangkai Basil Segar
- Asiago atau Keju Parmesan yang baru dicukur

Arah

a) Perasakan ayam dan ayam cepat perang dengan api besar.

b) Masukkan cendawan, bawang besar, bawang putih, lobak merah, dan saderi dan tumis sehingga berwarna perang. Kembalikan ayam ke dalam kuali dan masukkan wain, tomato, thyme, sage, dan stok dan biarkan mendidih. Kacau dalam pasli dan simpan panas.

c) Sediakan pasta dan Hidangkan. Hiaskan dengan mata air selasih dan keju yang dicukur.

74. Daging lembu dengan sos portobello

Bahan

- 500 gram daging lembu kisar tanpa lemak
- ½ wain merah kering
- ½ sudu teh Lada; tanah kasar
- 4 sudu besar keju Roquefort atau stilton
- ¾ paun Portobellos; (375g atau 4 med)

Arah

a) Daging perang dari 2-4 minit setiap sisi

b) Tuangkan ½ cawan wain dan kisar lada di atas patties.

c) Kecilkan api kepada sederhana dan reneh, tidak bertutup, selama 3 minit. Balikkan patties, hancurkan keju di atas dan teruskan reneh tanpa tutup sehingga keju mula cair, kira-kira 3 minit.

d) Sementara itu, asingkan batang dari penutup cendawan. Hiris tebal batang dan penutup.

e) Masukkan cendawan ke dalam wain dalam kuali dan Kacau sentiasa sehingga ia panas.

f) Sudukan cendawan di sekeliling patties, kemudian tuangkan sos di atasnya.

75. Keju Itali dan sosej wain merah

Bahan

- 4 paun Daging babi, tanpa tulang, bahu atau punggung
- 1 sudu besar biji Adas, dikisar dalam mortar
- 2 helai daun salam, ditumbuk
- $\frac{1}{4}$ cawan pasli, dicincang
- 5 Bawang putih, ditekan
- $\frac{1}{2}$ sudu teh Lada, merah, kepingan
- 3 sudu teh Garam, halal
- 1 sudu teh Lada hitam, baru dikisar
- 1 cawan keju, parmesan atau romano, parut
- $\frac{3}{4}$ cawan wain, merah
- 4 sarung sosej (kira-kira

Arah

a) Kisar daging dalam pemproses makanan atau alat pengisar daging Kitchen Aid untuk pengadun.

b) Campurkan semua bahan dan biarkan selama 1 jam supaya rasa boleh bercampur.

c) Sumbat sosej ke dalam sarung dengan lampiran pemadat sosej Bantuan Dapur atau beli tangan dengan corong sosej.

76. Cendawan dan tauhu dalam wain

Bahan

- 1 sudu besar minyak Safflower
- 2 setiap ulas Bawang putih, dikisar
- 1 Bawang besar, dicincang
- 1½ paun Cendawan, dihiris
- ½ lada benggala hijau sederhana, dipotong dadu
- ½ cawan wain putih kering
- ¼ cawan Tamari
- ½ sudu teh halia parut
- 2 sudu teh minyak bijan
- 1½ sudu besar Tepung jagung
- 2 setiap satu Kek tauhu, parut
- Badam hancur

Arah

a) Panaskan bunga safflower dalam kuali. Apabila sudah panas masukkan bawang

putih dan bawang besar dan tumis dengan api sederhana sehingga bawang lut sinar. Masukkan cendawan, lada benggala, wain, tamari, halia dan minyak bijan.
Campurkan.

b) Larutkan tepung jagung dalam sedikit air dan kacau ke dalam kuali.

c) Masukkan tauhu, tutup dan reneh selama 2 minit lagi.

77. Sup wain aprikot

Bahan

- 32 auns aprikot dalam tin; tidak berdrainas
- 8 auns krim masam
- 1 cawan Chablis atau wain putih kering
- $\frac{1}{4}$ cawan minuman keras aprikot
- 2 sudu besar jus lemon
- 2 sudu teh ekstrak vanila
- $\frac{1}{4}$ sudu teh kayu manis dikisar

Arah

a) Satukan semua Bahan dalam bekas pengisar elektrik atau pemproses makanan, proses sehingga halus.

b) Tutup dan sejukkan dengan teliti. Sendukkan sup ke dalam mangkuk sup individu. Hiaskan dengan krim masam tambahan dan kayu manis tanah.

78. Sup cendawan dengan wain merah

Bahan

- 50 G; (2-3oz) mentega, (50 hingga 75)
- 1 Bawang besar; dicincang
- 500 gram cendawan butang; dihiris (1lb)
- 300 mililiter wain merah kering; (1/2 pain)
- 900 mililiter Stok sayur-sayuran; (1 1/2 pain)
- 450 mililiter Krim ganda; (3/4 pain)
- Sekumpulan kecil pasli segar; dicincang halus, untuk hiasan

Arah

a) Cairkan 25g (1oz) mentega dalam kuali kecil dengan api sederhana dan goreng bawang selama 2-3 minit, sehingga lembut, kacau selalu.

b) Panaskan lagi 25g (1oz) mentega dalam periuk besar di atas api sederhana-perlahan.

c) Masukkan cendawan dan goreng selama 8-10 minit, sehingga lembut.

d) Masukkan wain dan masak selama 5 minit lagi. Masukkan stok dan bawang, dan reneh perlahan-lahan, tanpa mendidih, dengan api yang rendah, selama 15 minit.

e) Apabila sedia untuk dihidangkan, panaskan semula sup perlahan-lahan dengan api perlahan dan kacau krim.

79. Borleves (sup wain)

Bahan

- 4 cawan wain merah atau putih
- 2 cawan Air
- 1 sudu kecil kulit limau parut
- 8 biji cengkih
- 1 setiap batang kayu manis
- 3 setiap kuning telur
- $\frac{3}{4}$ cawan Gula

Arah

a) Tuangkan wain dan air ke dalam periuk. Masukkan kulit limau parut, bunga cengkih dan kayu manis. Reneh dengan api perlahan selama 30 minit.

b) Angkat dari api dan buang bunga cengkih dan batang kayu manis. Dalam mangkuk adunan kecil, pukul kuning telur dengan pukul dawai. Masukkan gula sedikit demi sedikit dan teruskan pukul hingga pekat. Kacau campuran kuning telur ke dalam sup panas.

c) Kembalikan periuk ke atas api dan bawa ke takat mendidih. Jangan biarkan sup mendidih atau kuning telur akan hancur. Hidangkan dalam cawan panas.

80. Sup wain ceri

Bahan

- 1 auns boleh pitted tart ceri merah
- 1½ cawan Air
- ½ cawan Gula
- 1 sudu besar ubi kayu masak cepat
- ⅛ sudu teh bunga cengkih dikisar
- ½ cawan wain merah kering

Arah

a) Dalam periuk 1½ liter kacau bersama ceri yang tidak disaring, air, gula, ubi kayu, dan bunga cengkih. Biarkan 5 minit. Bawa hingga mendidih.

b) Kurangkan haba; tutup dan reneh selama 15 minit, kacau sekali-sekala.

c) Keluarkan dari haba; kacau dalam wain. Tutup dan sejukkan, kacau sekali-sekala. Membuat 6 hingga 8 hidangan.

81. Sup epal Denmark

Bahan

- 2 biji Epal besar, dibuang biji, dikupas
- 2 cawan Air
- 1 batang kayu manis (2")
- 3 biji cengkih keseluruhan
- $\frac{1}{8}$ sudu teh Garam
- $\frac{1}{2}$ cawan Gula
- 1 sudu besar Tepung jagung
- 1 cawan plum prun segar, tidak dikupas dan dihiris
- 1 cawan pic segar, dikupas dan dipotong
- $\frac{1}{4}$ cawan wain port

Arah

a) Satukan epal, air, batang kayu manis, bunga cengkih, dan garam dalam periuk sederhana besar.

b) Kisar bersama gula dan tepung jagung dan masukkan ke dalam bancuhan epal yang telah ditumbuk.

c) Masukkan plum dan pic dan renehkan sehingga buah-buahan ini lembut dan adunan telah sedikit pekat.

d) Tambah wain pelabuhan.

e) Hidangan individu teratas dengan sebiji krim masam ringan atau yogurt vanila tanpa lemak.

82. Salad jello wain kranberi

Bahan

- 1 Pkg besar. jelo raspberi
- 1¼ cawan air mendidih
- 1 tin besar sos kranberi keseluruhan
- 1 tin besar tak berdraina hancur
- Nenas
- 1 cawan kacang cincang
- ¾ cawan wain port
- 8 auns krim keju
- 1 cawan krim masam
- Larutkan jello dalam air mendidih. Kacau sos cranberry dengan teliti.

Arah

a) Masukkan nanas, kacang dan wain. Tuangkan ke dalam bekas kaca 9x 13 inci dan sejukkan selama 24 jam.

b) Apabila sedia untuk dihidang, kacau cream cheese hingga lembut, masukkan asam keping dan pukul sebati. tersebar di atas Jello.

83. Mustard Dijon dengan herba dan wain

Bahan

- 1 cawan mustard Dijon
- ½ sudu teh Basil
- ½ sudu teh Tarragon
- ¼ cawan wain merah

Arah

a) Campurkan semua Bahan.

b) Sejukkan semalaman untuk mencampurkan rasa sebelum digunakan. Simpan dalam peti ais.

84. Bucatini Infused Wain

Bahan

- 2 sudu besar minyak zaitun, dibahagikan
- 4 Sosej Babi Gaya Itali yang pedas
- 1 bawang merah besar, dihiris
- 4 ulas bawang putih, dikisar
- 1 sudu besar paprika salai
- 1 secubit lada cayenne
- 1 secubit serpihan lada merah ditumbuk
- Garam, secukup rasa
- 2 cawan wain putih kering,
- 1 (14.5 auns) tin Tomato Panggang Dadu
- 1 paun bucatini
- 1 sudu besar mentega tanpa garam
- 1/2 cawan keju Parmesan yang baru diparut
- 1/2 cawan pasli segar yang dicincang

Arah:

a) Dalam periuk besar atau ketuhar Belanda, panaskan 1 sudu besar minyak zaitun di atas api sederhana. Masukkan sosej dan masak sehingga perang, kira-kira 8 minit.

b) Masukkan bawang putih dan masak satu minit lagi. Apabila bawang putih wangi dan perang keemasan masukkan paprika salai, lada cayenne dan kepingan lada merah. Perasakan dengan garam dan lada sulah.

c) Deglaze kuali dengan wain, mengikis sebarang serpihan coklat dari bahagian bawah kuali.

d) Masukkan tomato dadu bakar api dan air dan biarkan mendidih. Masukkan bucatini dan masak.

e) Apabila pasta telah masak, masukkan sosej yang telah dikhaskan, mentega, keju Parmesan dan pasli cincang.

f) Perasakan dengan garam dan lada sulah secukup rasa dan nikmatilah!

85. Asparagus dalam wain

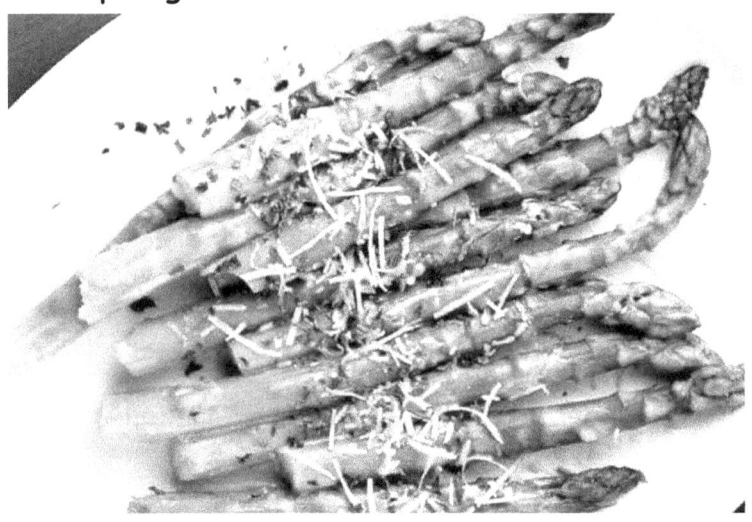

Bahan

- 2 paun Asparagus
- Air mendidih
- ¼ cawan Mentega
- ¼ cawan wain putih
- ½ sudu teh Garam
- ¼ sudu teh Lada

Arah

a) Basuh asparagus dan potong hujungnya. Letakkan lembing dalam kuali cetek dan tutup dengan air mendidih masin untuk menutup. Didihkan dan reneh selama 8 minit.

b) Toskan dan jadikan ramekin mentega. Cairkan mentega dan kacau dalam wain. Tuangkan ke atas asparagus. Taburkan dengan garam dan lada sulah dan keju. Bakar pada suhu 425' selama 15 minit.

86. Mustard, daging perap wain

Bahan

- 4 ketul Caribou atau Rusa
- ¼ sudu teh Lada
- 1 sudu teh Garam
- 3 sudu besar Sawi kisar batu
- 1 cawan wain merah

Arah

a) Gosok daging dengan mustard. Taburkan dengan garam dan lada sulah. Tutup dengan wain dan perap semalaman di dalam peti sejuk.

b) Panggang atau panggang arang hingga perapan sederhana jarang dengan perapan.

87. Sayap ayam dengan sos wain

Bahan

- 8 kepak ayam
- ¼ cawan Tepung jagung
- 2 sudu teh Garam
- 1 cawan minyak zaitun
- 1 cawan cuka wain Tarragon
- ¾ cawan wain putih kering
- ½ sudu teh mustard kering
- Kemangi kering, Tarragon, Oregano dan lada putih
- Minyak untuk menggoreng
- Lada garam
- 1 biji tomato kecil
- ½ lada benggala hijau sederhana
- ½ Bawang kecil dihiris nipis dalam bentuk cincin

Arah

a) Korek ayam dalam tepung jagung dicampur dengan 2 sudu teh garam dan lada putih.

b) Panaskan minyak hingga kedalaman $\frac{1}{2}$ inci dalam kuali berat dan goreng ayam sehingga perang keemasan dan lembut, kira-kira 7 minit pada setiap sisi.

c) Untuk membuat sos, gabungkan minyak, cuka, wain, bawang putih, mustard, gula, basil, oregano dan tarragon. Perasakan dengan garam dan lada sulah secukup rasa.

d) Satukan hirisan tomato, lada hijau dan hirisan bawang dengan dressing dan gaul rata.

88. Oeufs en meurette

Bahan

- Bawang merah; 6 dikupas
- 2½ cawan wain Beaujolais; tambah lagi
- 1 sudu besar wain Beaujolais
- 2 cendawan putih; berempat
- 3 keping Bacon; 2 dicincang kasar
- 4 keping roti Perancis
- 3 sudu besar Mentega; dilembutkan
- 2 ulas bawang putih; 1 keseluruhan, hancur,
- Tambah 1 kisar halus
- 1 daun salam
- ½ cawan stok ayam
- 1¼ sudu besar Tepung
- 1 sudu besar cuka wain merah
- 4 biji Telur besar
- 1 sudu besar Parsley

Arah

a) Panggang bawang merah sehingga perang, taburkannya dengan ½ cawan wain. Tambah cendawan ke kuali; letak di bawah ayam pedaging panas selama 5 minit, masukkan daging cincang kasar dan panggang.

b) Sediakan croute: Gosok hirisan roti dengan ulas bawang putih yang telah dihancurkan dan letakkan di atas loyang. Panggang.

c) Rebus telur 2 minit sehingga set.

d) Tuangkan sos ke atas telur, taburkan pasli dan hidangkan segera.

89. Wain merah dan risotto cendawan

Bahan

- 1-auns cendawan Porcini; dikeringkan
- 2 cawan air mendidih
- 1½ paun Cendawan; cremini atau putih
- 6 sudu besar mentega tanpa garam
- 5½ cawan air rebusan ayam
- 6 auns Pancetta; 1/4 inci tebal
- 1 cawan Bawang; dicincang halus
- Rosemary segar dan bijak
- 3 cawan beras Arborio
- 2 cawan wain merah kering
- 3 sudu besar pasli segar; dicincang halus
- 1 cawan keju Parmesan; baru

Arah

a) Dalam mangkuk kecil, rendam porcini dalam air mendidih selama 30 minit.

b) Masak pancetta dengan api sederhana. Masukkan cremini atau cendawan putih yang dicincang halus, baki sudu mentega, bawang, rosemary, sage, dan garam dan lada secukup rasa sambil kacau sehingga bawang lembut. Kacau nasi dan masak.

c) Masukkan 1 cawan sup mendidih dan masak, kacau sentiasa, sehingga diserap.

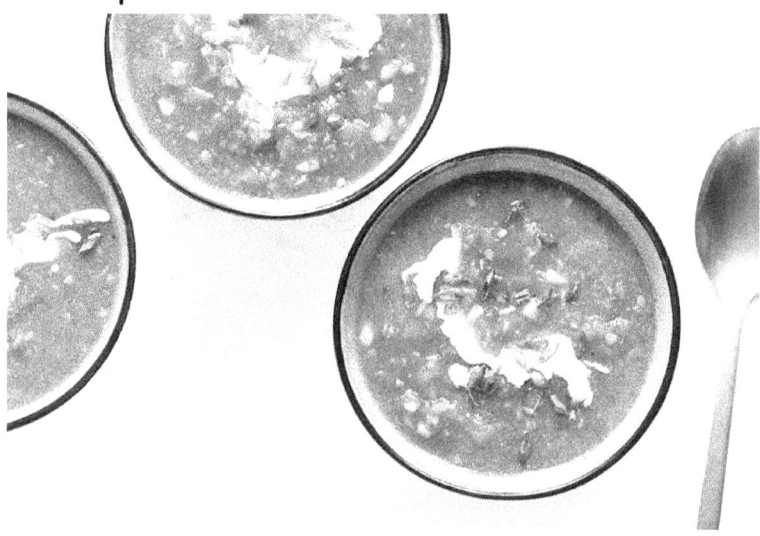

90. Gazpacho wain merah

Bahan

- 2 keping roti putih
- 1 cawan air sejuk; lebih jika diperlukan
- 1 paun tomato besar yang sangat masak
- 1 lada merah
- 1 Timun sederhana
- 1 ulas bawang putih
- $\frac{1}{4}$ cawan minyak zaitun
- $\frac{1}{2}$ cawan wain merah
- 3 sudu besar cuka wain merah; lebih jika diperlukan
- Garam dan lada
- 1 secubit gula
- kiub ais; (untuk hidangan)

Arah

a) Masukkan roti ke dalam mangkuk kecil, tuangkan ke atas air dan biarkan meresap. Iris tomato, potong bersilang dan cedok bijinya. Potong daging dalam kepingan besar.

b) Haluskan sayur-sayuran dalam pemproses makanan dalam dua kelompok, tambahkan minyak zaitun dan roti yang direndam pada kelompok terakhir. Masukkan wain, cuka, garam, lada dan gula.

c) Sudukan ke dalam mangkuk, masukkan kiub ais dan atas dengan jalur kulit timun bersimpul.

91. Nasi dan sayur-sayuran dalam wain

Bahan

- 2 sudu besar Minyak
- 1 setiap Bawang, dicincang
- 1 Zucchini sederhana, dicincang
- 1 lobak merah sederhana, dicincang
- 1 setiap tangkai saderi, dicincang
- 1 cawan beras gandum panjang
- $1\frac{1}{4}$ cawan stok sayur
- 1 cawan wain putih

Arah

a) Panaskan minyak dalam periuk dan tumis bawang besar. Masukkan baki sayuran dan kacau di atas api sederhana, sehingga perang sedikit.

b) Masukkan beras, stok sayuran dan wain putih, tutup dan masak 15-20 minit sehingga semua cecair telah diserap.

92. Bayi salmon disumbat dengan kaviar

Bahan

- ½ cawan Minyak, zaitun
- 1 paun Tulang, salmon
- 1 paun Mentega
- 2 cawan Mirepoix
- 4 daun salam
- Oregano, Thyme, Lada, putih
- 4 sudu besar Puree, bawang merah
- ¼ cawan Cognac
- 2 cawan wain, merah
- 1 cawan Stok, ikan

Arah

a) Dalam kuali tumis, panaskan minyak zaitun.

b) Masukkan tulang salmon ke dalam kuali dan tumis selama kira-kira 1 minit.

c) Tambah mentega (kira-kira 2 sudu besar), 1 cawan mirepoix, 2 daun bay, ¼ sudu teh thyme, ¼ sudu kecil lada, dan 2 sudu besar puri bawang merah. Masukkan cognac dan api.

d) Deglaze dengan 1 cawan wain merah dan masak dengan api yang tinggi selama 5 hingga 10 minit.

e) Mencairkan mentega. Tambah 2 sudu besar puri bawang merah, 1 cawan mirepoix, 2 daun bay, ¼ sudu kecil biji lada, ¼ sudu teh oregano, ¼ sudu teh thyme, dan 3 cawan wain merah.

f) Deglaze Terikan dan simpan.

93. Pilaf beras bawang putih-wain

Bahan

- 1 Kulit 1 Lemon
- 8 Ulas Bawang Putih, Dikupas
- ½ cawan pasli
- 6 sudu besar Mentega Tanpa Masin
- 1 cawan Nasi Biasa (Bukan Segera)
- 1¼ cawan Stok Ayam
- ¾ cawan Vermouth Kering
- Garam dan Lada Secukup Rasa

Arah

a) Cincang bersama kulit lemon, bawang putih dan pasli.

b) Panaskan mentega dalam periuk berat 2 qt. Masak campuran bawang putih dengan sangat lembut selama 10 minit. Masukkan nasi.

c) Kacau dengan api sederhana selama 2 minit. Satukan stok dan wain dalam periuk. Kacau ke dalam nasi; masukkan garam dan lada sulah yang baru dikisar.

d) Lapik tuala di atas periuk dan tutup tuala sehingga tiba masa untuk dihidangkan.

e) Hidangkan panas atau pada suhu bilik.

94. Hati kambing Basque dengan sos wain merah

Bahan

- 1 cawan wain merah kering
- 1 sudu besar cuka wain merah
- 2 sudu teh bawang putih segar dikisar
- 1 daun salam
- $\frac{1}{4}$ sudu teh Garam
- 1 paun hati Lamb
- 3 sudu besar minyak zaitun Sepanyol
- 3 keping Bacon, dicincang
- 3 sudu besar Itali dicincang halus
- Pasli

Arah

a) Satukan wain, cuka, bawang putih, bay, dan garam dalam hidangan pembakar kaca. Masukkan hati dan salutkan dengan bahan perapan.

b) Masukkan bacon dan masak sehingga keperangan dan garing. Toskan pada tuala kertas.

c) Keluarkan hati dari perapan dan keringkan. Hati coklat dalam titisan kuali selama 2 minit pada setiap sisi. Angkat ke pinggan yang dipanaskan.

d) Tuangkan perapan ke dalam kuali panas dan rebus, tidak bertutup, sehingga berkurangan separuh. Taburkan kepingan bacon ke atas hati, tuangkan perapan di atasnya dan taburkan pasli.

95. Daging lembu direbus dalam wain barolo

Bahan

- 2 ulas bawang putih, cincang
- 3½ paun Daging lembu, bulat bawah atau ketul
- Lada garam
- 2 daun salam, segar atau kering
- Thyme, kering, secubit
- 5 cawan Wain, Barolo
- 3 sudu besar Mentega
- 2 sudu besar minyak zaitun
- 1 Bawang besar, sederhana, dicincang halus
- 1 lobak merah, dicincang halus
- 1 batang saderi, dicincang halus
- ½ paun Cendawan, putih

Arah

a) Gosok bawang putih ke dalam daging. Perasakan dengan garam dan lada sulah.

Letakkan daging dalam mangkuk besar. Masukkan daun bay, thyme dan wain secukupnya untuk menutupi daging.

b) Cairkan 2 sudu besar mentega dengan minyak dalam kaserol berat yang besar. Apabila mentega berbuih, masukkan daging. Daging perang di semua sisi dengan api sederhana.

c) Keluarkan daging dari kaserol. Masukkan bawang, lobak merah dan saderi ke dalam kaserol. Tumis hingga agak keperangan. Kembalikan daging ke dalam kaserol. Tuangkan perapan yang dikhaskan melalui penapis ke atas daging.

d) Cairkan 1 sudu besar mentega dalam kuali sederhana. Tumis cendawan dengan api besar hingga kekuningan. Masukkan cendawan ke dalam daging dan masak 5 minit lebih lama.

96. Scrod direbus dalam wain putih

Bahan

- ¾ cawan minyak zaitun; tambah lagi
- 2 sudu besar minyak zaitun
- 1½ paun fillet scrod; potong 2x2 keping
- ¼ cawan tepung untuk mengorek; perasa dengan
- 1 sudu teh bayou blast
- 1 sudu teh bawang putih cincang
- ½ cawan pir atau tomato ceri
- ¼ cawan buah zaitun Kalamata; dihiris
- 2 cawan daun oregano yang dibungkus longgar
- ¼ cawan wain putih kering
- 1 sudu teh perahan lemon cincang

Arah

a) Korek kepingan ikan dalam tepung berperisa, goncang lebihan.

b) Berhati-hati meletakkan semua kepingan ikan dalam minyak panas, dan masak selama 2 minit.

c) Dalam api periuk tumis yang besar, baki 2 sudu besar minyak zaitun di atas api sederhana. Masukkan bawang putih cincang dan masak selama 30 saat. Letakkan ikan dalam kuali dengan tomato, buah zaitun Kalamata, oregano segar, wain putih, kulit lemon, air, dan garam dan lada.

d) Tutup dan masak selama 5 minit dengan api sederhana. Hidangkan sos yang dicecah atas ikan.

97. Cumi dalam umido

Bahan

- 16 cumi kecil, segar
- ¼ cawan minyak zaitun, dara tambahan
- 1 sudu besar Bawang; dicincang
- ½ sudu besar Bawang Putih; dicincang
- ¼ sudu teh lada merah; hancur
- ⅓ cawan Chardonnay
- ¼ cawan stok ikan
- 3 setiap tangkai Parsley, Itali; dicincang
- Lada garam

Arah

a) Bersihkan dan kupas sotong jika ini belum dilakukan oleh pasar ikan. Panaskan minyak zaitun dalam kuali dengan api sederhana.

b) Tumis bawang merah, bawang putih dan lada merah yang telah dihancurkan selama 30 saat dengan api sederhana besar, kemudian masukkan cumi yang dihiris dan semua Bahan lain.

c) Bawa kuali hingga mendidih dan reneh selama kira-kira tiga minit, sehingga sos berkurangan kira-kira satu pertiga. Menghidangkan dua hidangan pembuka atau empat pembuka selera.

98. Ekor lembu rebus dengan wain merah

Bahan

- 6 paun Ekor Lembu
- 6 cawan Wain Merah
- ½ cawan Cuka Wain Merah
- 3 cawan Bawang Cipollini atau Bawang Mutiara
- 1½ cawan Saderi, dihiris
- 2 cawan lobak merah, dihiris
- 1 sudu teh Juniper Berries
- ½ sudu teh Lada Hitam
- Garam Kosher, Lada Hitam
- ⅓ cawan Tepung
- ¼ cawan Minyak Zaitun
- ⅓ cawan Pes Tomato
- 2 sudu besar Parsley

Arah

a) Letakkan ekor lembu dalam mangkuk besar tidak reaktif. Masukkan wain, cuka, bawang cipollini, saderi, lobak merah, beri juniper, biji lada, dan pasli.

b) Perangkan ekor lembu di semua sisi, dalam minyak selama 10 hingga 15 minit.

c) Kembalikan ekor lembu ke dalam kuali dengan bahan perapan, buah juniper, biji lada, dan 2 cawan air, Masukkan pes tomato sehingga larut. Tutup dan bakar selama 2 jam.

d) Masukkan sayur yang telah dikhaskan. Reneh dan sesuaikan perasa

99. Ikan dalam kaserol wain

Bahan

- 2 sudu besar Mentega atau marjerin
- 1 Bawang besar sederhana, dihiris nipis
- ½ cawan wain putih kering
- 2 paun fillet Halibut
- susu
- 3 sudu besar Tepung
- Lada garam
- 8½ auns tin kacang polong kecil, toskan
- 1½ cawan mi goreng Cina

Arah

a) Mencairkan mentega. Masukkan bawang dan panas, tidak bertutup, dalam Ketuhar Gelombang Mikro, 3 minit. Masukkan wain dan ikan dan panaskan.

b) Toskan jus kuali ke dalam cawan penyukat dan tambah susu yang mencukupi untuk jus kuali sama dengan 2 cawan.

c) Cairkan 3 sudu besar mentega atau marjerin dalam Ketuhar Gelombang Mikro selama 30 saat.

d) Masukkan tepung, garam dan lada sulah. Kacau secara beransur-ansur dalam campuran cecair ikan yang telah disimpan.

e) Panaskan, tidak bertutup, dalam Ketuhar Gelombang Mikro 6 minit kacau kerap sehingga pekat dan licin. Masukkan kacang ke dalam sos.

f) Masukkan sos kepada ikan dalam kaserol dan kacau perlahan-lahan. Panaskan, tidak bertutup, dalam Ketuhar Gelombang Mikro 2 minit. Taburkan mee ke atas ikan dan panaskan. Hidang

100. Potongan Daging Babi Panggang Diselit Wain

Bahan

- 2 (16 auns) botol Wain Masak Merah Holland House®
- 1 sudu besar rosemary segar yang dicincang
- 3 ulas bawang putih, dikisar
- ⅓ cawan gula perang yang dibungkus
- 1 ½ sudu teh garam meja
- 1 sudu teh lada tanah segar
- 4 (8 auns) potong tengah daging babi, tebal 3/4 inci
- 1 sudu kecil serbuk cili ikan bilis

Arah

a) Tuangkan wain masak ke dalam bekas bukan logam. Tambah gula, garam dan lada; kacau sehingga gula dan garam larut. Kacau dalam infusi perisa yang telah disejukkan.

b) Letakkan daging babi dalam air garam supaya ia tenggelam sepenuhnya.

c) Panaskan gril ke api sederhana rendah, 325-350 darjah F.

d) Grill 10 minit; putar dan panggang 4-6 minit.

e) Keluarkan, tutup dengan foil dan biarkan berehat 5 minit sebelum dihidangkan.

KESIMPULAN

Pembuat resipi moden menghabiskan banyak masa menggembar-gemburkan infusi buatan sendiri, tincture dan hidangan yang diselitkan wain. Dan untuk alasan yang baik: Sirap dan minuman keras tersuai membolehkan bar mencipta koktel istimewa yang tidak selalu boleh ditiru.

Kebanyakan Ramuan boleh digunakan untuk diselitkan dengan wain. Walau bagaimanapun, Bahan yang mempunyai kandungan air semula jadi di dalamnya, seperti buah-buahan segar, cenderung menunjukkan prestasi yang lebih baik.

Walau bagaimanapun, pilihan adalah milik anda, dan percubaan adalah sebahagian daripada keseronokan. Apa sahaja yang anda cuba, hasilnya pasti menyeronokkan!